【1問1答】株ドリル

KABU DRILL

10万円から始める！小型株集中投資で1億円

遠藤 洋
Endo Hiroshi

ダイヤモンド社

はじめに

知 識ゼロからの投資で全額を失った……

　シリーズ10万部を突破するベストセラーとなった拙著『10万円から始める！小型株集中投資で1億円』は、これまでの一般常識を覆すような投資法で、読者のみなさまから大きな反響をいただきました。

　トヨタ自動車やソニーグループのような「大型株」とは違い、まだ知名度も経営規模も小さめな「小型株」は、投資リスクが高いとされています。

　その小型株に集中投資することを指南した拙著は、読者のみなさまにとっては、とても新鮮だったようです。

　私は1987年生まれの35歳（2023年7月現在）ですが、東京理科大学に通う大学生だった頃、**夏休みの"暇つぶし"として投資をはじめました。**

　当時は投資についての知識は、ほぼゼロ。せいぜい映画やテレビドラマで証券マンが出てくるシーンをみたことがあるくらいでした。

　そんな状態にもかかわらず、塾講師のアルバイトをして貯めたなけなしのお金を、FX（外国為替証拠金取引）に"ほぼ全額投資"しました。

　証券口座を開設して入金し、株式投資にもFXにもまったくの無知ながら、米ドルのトレードをしてみたのです。

　百聞は一見にしかず（聞くより、実際にみるべきである）のさらに先をいく、百考は一行にしかず（考えるより、行動するべきである）を実践したのです。

　しかし、たった2週間で、ものの見事に全額を失ってしまいました……。

　そこで投資を諦めなかったのが現在につながっているのですが、「さすがに知識ゼロは甘かった……」と反省し、次からは株式投資に照準を合わせて、本や雑誌を買って基礎の基礎から勉強したのです。

　そして、再チャレンジをするため、塾講師のアルバイトをして株式投資のタネ銭を貯めました。

入社4年目で会社を辞めて独立する

大学時代に私のまわりで株式投資をする友人はいませんでしたが、私は独学で投資を続けました。

大学時代は勝ったり負けたりで、それほど大きな投資リターンは得られませんでしたが、**大きく花開いたのはベンチャー企業に入社してからのことでした。**

入社したオープンドア（3926）という会社は、旅行比較サイト「トラベルコ」を運営し、いまや東証プライム市場の上場企業となっていますが、当時は無名のスタートアップ企業でした。

2010年の入社当時は未上場企業でしたが、2015年に旧・東証マザーズ、翌2016年に旧・東証1部へと上場したのです。

ベンチャー企業というのは少数精鋭部隊ですから、"なんでも屋"としてさまざまな業務を担います。私は新入社員時代から、新規事業や新卒採用を担当しました。

そうした社会人経験をしながら、自分が手がける仕事を通して、次々と「成長株」を探し当て、大きなリターン（収益）を得て金融資産を増やしました。

たとえば、**北の達人コーポレーション（2930）は、約1年半で株価10倍を超え、この1銘柄だけで、億を超えるリターンとなりました。**

そうした投資で得たリターンをもとに、入社4年目で独立をしたわけです。

いまでは毎日のように宴席を楽しみ、1年のおよそ半分は国内外を旅歩きしつつ、投資家仲間たちと情報共有や意見交換をしながら、投資活動をくり広げる日々を送っています。

ここに至るまでには、いろいろな失敗と成功をくり返してきたのですが、**私の投資スタイルの最終結論が「小型株集中投資」だったのです。**

大型株より成長する期待度の高い小型株の知識や興味・関心が深まり、大切な資金を集中投資するからこそ、人は徹底的に調べるようになります。

卵 は１つのカゴに盛ろう

　株式投資の世界には「卵は１つのカゴに盛るな（Don't put all eggs in one basket）」という有名な格言があります。

　カゴを落とすと、すべての卵が割れてしまう。すなわち、すべての資金を１つの会社に投資すると、その会社が破綻すれば、すべての資金を失いかねない。だから、複数の株式への分散投資や、さまざまな投資対象に分散する投資信託なら、そうしたリスクも防げるというのです。

　しかし、私はこういいたい。

「卵はできるだけ１つのカゴに盛ろう。ただし、どのカゴに盛るかは死ぬ気で考えよう」

　ここでいう卵とは「お金」、カゴは「投資先」を指します。一般的には複数の投資先にお金を分散することがいいとされていますが、資本力のない個人投資家が金融資産の桁を増やしたいなら、可能な限り１つのカゴに卵を盛るのが近道です。

　では、どのように "卵を盛るべきたった１つのカゴ" を見つけるのか？

　その具体的な方法を基礎の基礎から応用まで、１問１答のドリル形式で、わかりやすくまとめたのが本書です。

　株式投資というのは、**「未来のことを予測してお金を賭ける」**ともいえます。その性質上、"唯一絶対の正解" というものはありません。

　そのため、本書では「正解」としていても、状況が変われば不正解になることもあります。

　便宜上「正解」としていますが、「こちらのほうが正しい可能性が高い」というのが、正確な表現といえるでしょう。

　株式投資は、さまざまな想定外の事態に遭遇します。そのとき、自分でより正解に近い答えを導き出す力を実践的に身につけることが本書の目的です。**「どんな考え方をすれば、株式投資の勝率が上がるのか？」**を１つひとつ楽しみながら学んでいただけると幸いです。

CONTENTS

超基礎編　　SUPER BASIC LEVEL
小型株集中投資の超基礎知識

基礎編　　BASIC LEVEL

小型株集中投資　成長株の見つけ方

上級編　ADVANCED LEVEL
小型株集中投資　3年で10倍になる株の見つけ方

応用編　　　PRACTICAL LEVEL
小型株集中投資　株情報を深掘りする方法

株で儲かる人・

損切りと利益確定を
くり返してトータルで
勝てばいいと考える

目先の株価の上下には
一切動じない

株価を気にするのではなく
チャートやニュースを
気にする

常に状況を俯瞰して
客観視している

感情ではなく
投資戦略を優先した
売買をする

なにが起きたら
利益確定するかを
明確に決めている

一度投資をしたら
どっしりと構える

投資前からどのくらい
儲かる可能性があるか
知っている

Twitterは周りの
盛り上がり具合を
知る手段として使う

保有株が
どのくらいまで
成長するか
イメージできている

投資前からどのくらい
損をする可能性が
あるか知っている

事前に企業情報を
しっかり理解している

投資戦略がある人

なにが起きたら
損切りするのかを
明確に決めている

人にすすめられた株も
必ず自分で
調べてから買う

「なぜその株を買うのか?」
を明確に説明できる

資金管理が
しっかりできている

株価が下がることも
想定している

ここが

損する人は、

利益が出ると
「実力」と勘違い、
損をしたら
「運が悪かった」と思う

株価が下がったら、
そのまま塩漬けにして
みないようにする

余裕資金を
超える金額を投資に
つぎ込んでいる

株価が上がっても
いつ売っていいのか
判断できない

株価が気になって
仕方がない

自分の買った株が
上がると信じている

「Yahoo! ファイナンス」
の掲示板を好んで読む

過去の成功体験が
忘れられない

株価が下がったら
チャンスだと思って買う

損をする覚悟が
できていない

投資戦略がない人

Twitterで投資家が
つぶやいた株を買う

日々の株価の上下で
一喜一憂する

人にすすめられた株を
そのまま買う

損切りできない

勘や気分によって
売買している

違う！

ROAD MAP

小型株集中投資で1億円への道

| STAGE 1 | 資産10万円
～100万円 |

　なにはともあれ、ネット証券などで「証券口座」を開設、投資をはじめてみましょう。それにより、次の行動がうながされ、必要な情報が入ってくるようになります。

　そして、本書を参考にしつつ、まずは自分の予算で購入できる株のなかから1銘柄を選んで集中投資。**この段階で複数の銘柄に分散投資してはいけません！**

　1銘柄に集中して値動きに慣れ、癖をつかむことが大事です。最初は失敗しても大丈夫。買い値から10～20％値下がりして"損切り"しても、自分のお金で投資した経験は、必ず役立ちます。

　慣れてきたら、給料やボーナスの余裕資金を投資にまわしたり、投資で得た利益を再投資したりして、投資額を増やしていきましょう。

　最初はなかなか思ったようにリターンを得られないかもしれません。でも、ここでやめないでください。この先、株式投資で大きく資産を増やすことを考えれば、この時点での損切りなど誤差のようなものです。

　最初に10万円で買った株が値下がりして、マイナス2万円で損切りしても、そこからの学びを次に生かしていったら、将来的に1000万円を投資したとき、200万円損するリスクを減らせます。

　このステージでの小型株集中投資は、いわば"練習試合"のようなもの。小さな損失にとらわれず、どんどんチャレンジして、次のステージにつなげてください。

STAGE 2	資産100万円超 ～1000万円

　資産が増えたり減ったりしがちなステージですが、急激に拡大するポイントがどこかでやってくるはずです。

　ステージ1と同様に買い値から10～20％値下がりして"損切り"しても、あきらめずに投資を続けてください。途中でやめてしまうと、資産を増やす機会を逃すことになります。

　株式投資の世界では、「続ける」ことがなにより大切なのです。将来の資産額が1桁や2桁は違ってきます。

　このステージでも、基本的に1銘柄に集中投資。資産が増えて分散するにしても、3銘柄までにしてください。

　投資に慣れてくると、いろいろと手を広げたくなりがちですが、むやみに分散投資しても損する可能性を広げるだけです。

　なぜなら数多くの株を保有すると、情報のフォローが中途半端になりがちだからです。とくに会社勤めをしていて忙しい個人投資家は、どの株の管理も中途半端になりがち。

　そうならないためにも可能な限り1銘柄に絞って小型株集中投資を貫くことが大事です。

STAGE 3	資産1000万円超 ～3000万円

ここから先は一気にラクになります。

自分の売買が株価に与える影響が大きくなる銘柄もあるため、1銘

柄だけの集中投資は難しくなってきますが、多くても３銘柄までにしておきましょう。

　どれだけ資産額が大きくなっても、投資するのは自分１人です。投資したあとの銘柄の値動きやニュースをフォローアップしつつ、有望な銘柄を探すとなると、やはりブレずに集中投資のスタンスをとるほうがいいのです。

　しつこく伝えておきますが、必要以上の分散投資は、絶対にやめたほうがいいです。少なくとも、自分がどんな株をもっていて、どんな状況かを把握しておくことが必要です。**せいぜい３銘柄を上限としておきましょう。**

　このステージにいる「多少の資産はあるものの、投資の成績はイマイチ」という個人投資家は、必要以上に分散投資しているケースがとても多いです。

　また、株式市場は想定外の事態が起こることもありますから、このステージになったら全資産額の１〜２割を目安に余剰資金（現金買付余力）を備えておきましょう。

| STAGE 4 | 資産3000万円超 〜1億円 |  |

　株式投資でこのステージまで資産を増やせたのなら、投資に対する考え方は、ほぼ間違っていないでしょう。資産規模が大きくなればなるほど、分散投資の意識が強まりますが、**このステージでも５銘柄までにしてください。**

　このステージで大切なことは、資産を大きく減らさないことです。資産が数百万円なら半減しても挽回できますが、このステージで資産が半減すると、かなりダメージが大きいです。

　引き続き、しっかりと下調べをして、上昇トレンドに入った有望な

小型株をできるだけ安値で拾っていきましょう。いい銘柄がみつからなかったり、買うタイミングではないと思ったりしたら、無理に投資をしないというのも立派な投資判断です。

　投資額が数百万円単位で動くことも多くなるので、投資に使う時間を増やしていくことも大切です。

　想定外の事態に備えて、**全資産額の２〜３割程度を目安に、余剰資金を確保しておきましょう。**

| STAGE 5 | 資産1億円超〜 |

　おめでとうございます！　資産１億円超を達成したあなたは、日本で上位3.5％に入る億万長者の仲間です。

　資産１億円超を達成したら、ぜひ自分にご褒美をあげてください。私の場合、１か月半におよぶ南米周遊旅行を自分自身にプレゼントしました。

　お金を増やすことは大事ですが、人生を楽しむためにお金を使うことは、もっと大事です。お金は使わないと"ただの数字"でしかありません。

　また、このステージに達しても、上には上がいます。現役会社員の個人投資家でも、わずかな金額から２億円、３億円と資産を増やした人が少なからずいます。

　その人たちのように、**より大きな資産額を目指すのもよいですが、あらためて自分にとっての幸せとはなにかを考えてみてください。**

　もちろん、このステージの人は、株式投資をすること自体も幸せなのだと思いますが！

小型株集中投資の超基礎知識

まずは基本的な部分から
おさらいしてみよう！

Q1 投資で失敗しない大前提は？

投資家の心構えとして
適切でないものを
1つ選んでください

❶ 他人にお金を預けて運用してもらうのではなく、自分でしっかり学んで運用する

❷ 損をすることもあるので、余裕資金で投資する

❸ 投資に詳しい信頼できる友人がすすめてくれた株を値上がりする前に買う

❹ なにがあろうと投資は自己責任でやる

ヒント 投資をするときは、他人のせいにしてはいけません

正解 ❸

解説

　たとえ10年、20年と長いつき合いのある友人でも、または株式投資のプロであっても、他人にすすめられた金融商品を自分で調べることなく買ってはいけません。

　こういわれると、「それはそうでしょう」と思うかもしれませんが、実際には多くの個人投資家がやってしまいがちなことですし、大きな投資トラブルにもつながっています。

　投資先のことをよく調べもせず、内容を知らないまま投資したときは、たいていの場合、大きな損失を被ることになると覚悟しましょう。

　未来のことは、誰にもわかりません。もちろん、プロの投資家だって、わからないのです。

　もしわかるのであれば、自分のお金で投資して大儲けしていることでしょう。

　信頼できる人からすすめられた投資先であっても、必ず自分で調べてから"自己責任"で投資をするのが大前提です。

　そのほかにも、やってはいけない投資の例を覚えておきましょう。

　後悔することになる"やってはいけない投資"とは、以下のとおりです。

　☑ どんなビジネスを展開しているか理解できない会社の株を買う
　☑ Twitterの投資かいわいで話題になっている株を買う
　☑ 知名度の高い大企業という理由だけで株を買う
　☑ 銀行や証券会社がすすめる投資信託を買う
　☑ 他人にお金を預けて運用してもらう

POINT ▷ 投資は自己責任が大前提！

Q2 儲かる投資家の着眼点は？

投資の説明について
適切でないものを
1つ選んでください

❶ 株式のデイトレード（超短期取引）は誰かが得をすれば誰かが損をする「ゼロサムゲーム」（誰かが儲けた裏で同じだけ損した人がいるゲーム）

❷ 「価格」よりも「価値」が低い会社（銘柄）を見つけて株を買うのが儲かる投資のコツ

❸ 業績が伸び続けている会社の株を保有し続けることで資産が100倍以上になることもある

❹ 「価格」よりも「価値」が高い会社（銘柄）にお金を移し続けることが投資の本質

ヒント 「価格」はなにかを買ったときに支払うもので、「価値」はなにかを買ったときに手に入るもの。"価格と価値のバランス"に投資チャンスが生まれます

正 解

②

解 説

　設問の選択肢をベースに、具体的に みていきましょう。

　①ひと言で「株式投資」といっても "投資のやり方"によっては、利益を見込んで会社にお金を投じる投資 ではなく、ギャンブル性の高い「マネーゲーム」になります。

　②**「価格」よりも「価値」が高い会社（銘柄）を見つけて買うのが儲かる投資のコツです。**

　会社の価格は「株価」ではなく「時価総額」をチェックしましょう。「時価総額」とは、次の設問でも説明しますが、わかりやすくいうと、その会社を丸ごと買ったときの「価格」です。

　ふだんの買い物を考えてみてください。「価格」が「安い」からといって、モノを買っていませんか？　儲かる投資家を目指すのであれば、「価格」だけみるのではなく、そのモノの「価格」と「価値」のバランスをみることが、非常に大事になってきます。

　儲かる投資家の買い物の基準とは？

　　× 価格＞価値　＝　高い買い物　　○ 価格＜価値　＝　安い買い物

　③まったく同じ株（銘柄）を買ったとしても、短期的に売買するのではなく、中長期的に保有することで、株価が10倍、100倍と大きく成長することもあります。Amazon.com（証券コード：AMZN）は20年でおおよそ2000倍になりました。

　④**会社の価格である「時価総額」よりも「価値」が高い会社（銘柄）に、自分のお金を移し替えて資産を育てていくことが、投資の基本中の基本の考え方になります。**

POINT ▷ 「価格」よりも「価値」が高い会社に投資することが基本

Q 3 どんな株が大きく成長する？

「株価」と「時価総額」の説明について適切でないものを1つ選んでください

❶ 株価が低い会社のほうが将来大きく成長する可能性が高い

❷ 株価が高い会社は投資するのに必要な最低金額も大きくなる

❸ 時価総額が大きい（高い）会社だからといって、これから株価が高くなるわけではない

❹ 時価総額は「株価×発行済み株式数」で算出することができる

ヒント 「時価総額」は会社丸ごとの値段、「株価」は会社の所有権を細かく分けたうちの1つの価格

キャベツにたとえると、「時価総額」はキャベツ１玉（丸ごと）の値段、「株価」はキャベツ１玉を千切りにした"一欠片"（ひとかけら）の値段。**株価は、あくまでも会社全体の価格（時価総額）を細かく分けたうちの"一欠片"につけられた"単価"でしかありません。**

日本の時価総額トップは「トヨタ自動車」（7203）ですが、その金額は約30兆円（2023年５月８日時点）です。

時価総額というのは、その会社を丸ごと買ったときの価格ともいえますから、仮に約30兆円あれば、理屈のうえではトヨタ自動車という大企業を丸ごと買収できるわけです。トヨタ自動車の株価は約1800円（同）で、発行済み株式数は約163億株あります。つまり、トヨタ自動車の株価は、全株式数の約163億分の１にすぎないということ。これを81万人以上の株主が分けあって、保有しているのです。

時価総額は、その会社の規模や今後の成長余力（伸びしろ）を測るモノサシになります。しかし、現時点の株価が、ほかの会社に比べて高いか低いかは、今後の株価の成長に、なんの関係もありません。

ほかの会社と比べて、株価が低い会社ではなく、時価総額が低い会社は、それだけ伸びしろが残されていると考えられ、今後大きく成長する可能性が高いといえます。

そう考えると、トヨタ自動車のように、すでに時価総額が大きな会社は、これから株価が大きく成長するとは考えにくいことがわかります。株式投資というと「株価」が注目されがちなのですが、本当に注目すべきなのは会社を丸ごと買ったときの値段である「時価総額」です。

POINT 株価より「時価総額」に注目！

Q4 「小型株」ってなんだろう？

「小型株とはなにか？」について 正しいものを 1つ選んでください

❶従業員数が50人以下の小さな会社の株

❷株価1000円以下で10万円程度から買える会社の株

❸社員の平均年齢が30歳未満の小さな会社の株

❹時価総額が小さな会社の株

ヒント 🖐 なにを「小型」ととらえれば株式投資が合理的かを考えてみましょう

正解

④

解 説

　そもそもの話ですが、東京証券取引所に上場している会社の総数は3885社（2023年4月30日現在）で、大まかに「大型株」「中型株」「小型株」に分けられます。

　東京証券取引所ではTOPIX（東証株価指数）を「時価総額」と「流動性」に応じて、次のように分類しています。

大型株＝時価総額と流動性が高い上位100銘柄（TOPIX100）

中型株＝大型株についで時価総額と流動性が高い上位400銘柄（TOPIX Mid400）

小型株＝大型株・中型株に含まれない全銘柄（TOPIX Small）

よく間違われるのですが、「小型株＝株価が低い銘柄」ではありません。株価ではなく時価総額に注目しているのです。

　これは私独自の基準ですが、本書では**時価総額300億円以下の銘柄を「小型株」と呼んで、「小型株集中投資」の対象とします。**

　もちろんケースバイケースで、例外もありますが、おおよそ時価総額1000億円を超えたくらいが、売り時と考えます。

　小型株は大まかにいうと、東京証券取引所のグロース市場に加えて、名古屋証券取引所のネクスト市場、札幌証券取引所のアンビシャス市場、福岡証券取引所のQ-Board市場などに上場する銘柄が含まれます。

POINT　**本書では小型株は時価総額300億円以下の銘柄が目安**

Q5 集中投資ってなんだろう？

「集中投資とはなにか？」について
正しいものを
1つ選んでください

❶スマホやPCの画面にしっかりと集中して投資すること
❷複数の会社ではなく可能な限り1社に集中して投資すること
❸可能な限り1つの投資信託にお金を集中して投資すること
❹可能な限り複数の会社にお金を分散して投資すること

ヒント なにに「集中」すると株式投資が合理的かを考えてみましょう

正解

❷

解 説

　本書でいうところの「集中投資」とは、基本的に１つの銘柄にお金を集中して投資することです。

　投資信託やETF（上場投資信託）は、そもそも複数の投資先を集めた分散投資を基本とする金融商品なので、購入した投資信託やETFが１つであっても、それは分散投資になります。

　全世界分散投資型の投資信託だと、１つの商品で約3000銘柄に分散投資することになります。

　本書の集中投資は、自分で見つけた個別株（個別の会社の株）に投資します。

　より詳しくいうと、**１年以内に株価が３倍以上になりそうな小型株をみつけて集中投資する。**これが小型株集中投資の基本戦略となります。

　一般的に集中投資は〝やってはいけない〟とされています。しかし、私は大きな金融資産を築いてきた大学時代からの投資経験を踏まえて、個人投資家にとっては**「小型株集中投資こそ、最強の武器である」**と考えて自ら実践しています。

　分散投資とは違って、集中投資は投資先がごく限られるだけに、有望株を「みつける→買う→売る」という投資判断がとても丁寧にできます。

　そのため、投資したあとに保有株の情報を追いかけるのも楽ですし、丁寧にできます。投資に成功して運用額が増えてきたら、複数の株に投資してもいいですが、基本は「多くても３銘柄まで」が目安です。

POINT

> 投資額が小さいうちは1つの会社に集中投資

Q6 分散投資にはないメリットは？

集中投資のメリットについて
適切でないものを
1つ選んでください

❶集中投資はその会社の深い部分まできちんと調べてから投資することができる

❷集中投資は投資したあとも業績や関連報道をしっかりと追うことができる

❸集中投資はリスクがある半面、大きなリターンを狙うことができる

❹集中投資は分散投資より低リスクになる

ヒント 👆 一般的に分散投資が推奨されますが、本書は真逆のスタンスです

正解	解 説

正解 ❹

解 説

　一般的に、分散投資に比べて集中投資は、高リスクだといわれます。

　リスクを抑えながら一定のリターンを得るには、多数の銘柄に資産を分散して投資することが有効とされており、これを理論的に証明したハリー・マーコビッツ氏は「現代ポートフォリオ理論」により、1990年にノーベル経済学賞を受賞。このことからも資産運用の世界では、分散投資が常識とされています。

　しかし、分散投資が本当に有効なのは、億単位の資産を保有している富裕層なのです。

　タネ銭が限られている一般の個人投資家が、金融資産の桁を増やそうとするなら、分散投資よりも集中投資をするほうがおすすめです。

　たった1社に集中投資をするのは、たしかにリスクが高まります。そのぶん、当たったときのリターンも大きくなります。可能な範囲でリスクをとらなければ、人並み以上のリターンは得られないものです。

　資金を集中投資するということは、分散投資より慎重にならざるを得ません。分散投資なら、誰かがすすめている銘柄をよく調べもせず、ノリで買ってみたりしがちですが、集中投資をするとなれば、よりシビアに下調べをするようになります。

　もちろん、投資を検討する段階で、投資先への理解も深まります。さらに、投資したあとも、投資先が厳選されているぶん、日々の関連報道や株価の動きをフォローしやすくなります。

　世間では、集中投資のリスクだけがとりざたされますが、このように集中投資にはリスクが高まるぶんだけ、リターンも期待できるのです。

POINT ▶ **適当な分散投資をするより真剣な集中投資のほうがおすすめ**

Q7 分散投資とはどう違う？

分散投資と集中投資についての説明で適切でないものを1つ選んでください

❶ 一般的に集中投資はリスクが高く、分散投資はリスクが低い傾向があるといわれる

❷ 分散投資はリスクを抑えたうえで、リターン（収益率）を期待できる投資手法だ

❸ はじめて投資をするなら、可能な範囲で多くの銘柄に分散したほうがいい

❹ 集中投資とは、選び抜かれたごく少数の銘柄に集中的に投資をすることだ

ヒント👆 一般的に推奨される分散投資ではなく、集中投資する理由を考えてみましょう

正解

❸

解 説

　分散投資には、将来にわたる運用から獲得することが期待できる平均的なリターンをキープしながら、リスクを抑える効果があることが証明されています。

　しかし、それは机上の空論ともいえます。会社員や公務員、個人事業主など、本業を抱える個人投資家が、投資先を分散しすぎることは、私個人としてはまったくおすすめできません。

　なぜなら、**数多くの銘柄に分散投資すると、投資先の選び方も、投資したあとのフォローも、結局は雑になるからです。**

　分散投資の代表例が、投資信託です。投資信託を買うことで、個別株の価格変動リスクを抑えたうえで、市場全体の上昇益を狙うことができるといわれます。

　ただし、あなたがもし10年以内に自分が保有する金融資産の桁を1つでも2つでも増やしたいと思うのならば、その目的を実現するための手段として投資信託は適していないでしょう。

　保有する金融資産の桁を増やしたいのであれば、選び抜いたごく少数の銘柄に集中的に投資するべきです。

　1078億米ドル（＝約14兆円、1米ドル130円換算）の巨額の金融資産を一代で築いた「投資の神様」と呼ばれるウォーレン・バフェット氏は、「分散投資は無知に対するヘッジだ。自分でなにをやっているかわかっている者にとって、分散投資はほとんど意味がない」と喝破しているのです。

POINT > 資産の桁を増やしたいなら分散投資より集中投資

Q 8 投資信託とはなにが違う？

投資信託についての説明で 適切でないものを 1つ選んでください

❶ 投資信託とは「おすすめの株をまとめた福袋」のようなもの

❷ 投資信託は手数料が高いものもあるので安易に買ってはいけ
ない

❸ 証券会社や銀行は投資信託を売った手数料を稼ぐことがビジ
ネス

❹ 自分で投資先を選ぶより、プロが選んだ投資信託のほうが高い
リターンを期待できる

ヒント 👆 証券会社や銀行が投資信託をすすめてくるのには理由があります

解説

　投資信託という金融商品は、"株（銘柄）などの投資先をまとめた福袋"のようなもの。IT関連株をまとめた福袋、医薬品関連株をまとめた福袋、世界中の会社の株をまんべんなくまとめた福袋、国債や社債などの債券、不動産、貴金属や農産物のようなコモディティ（商品）といった特徴を打ち出して売っています。

　まず、頭に入れておかなくてはいけないのは、投資信託はそれを販売している証券会社や銀行にとっての"稼ぎ頭"であるということ。

　証券会社や銀行は、一般の投資家に投資信託などの金融商品の販売や運用管理をする際に得られる「手数料」によって稼いでいます。そのため、手数料が高い投資信託を優先的に販売する方向にバイアスがかかりがちです。

　投資経験が浅い人にしてみれば、「自分でいろいろと調べて投資先を選ぶのはめんどくさいし、そもそもプロが選んだ投資信託にお金を預けたほうが、高いリターンを得られるはず」と考えるかもしれません。

　しかし、購入した投資信託が1年間、仮にまったく価格変動がなかったとしても、保有している間ずっと運用管理の手数料（信託報酬）が差し引かれるため、数％の損失が発生することになります。

　投資信託を長く保有すればするほど、証券会社や銀行は手数料を得られるので儲かりますが、それを買った投資家のほうは手数料のぶんだけ、ずっと損をすることになります。

　株や不動産を買って一代で大きな財をなしたという人はたくさんいますが、**「投資信託を買って大きな財をなした」という人に、少なくとも私自身は、いまだ出会ったことがありません。**

POINT 　投資信託は投資家ではなく証券会社や銀行のほうが儲かる金融商品

Q9 米国株と日本株の違いは？

米国株の説明として
間違っているものを
1つ選んでください

❶ 米国株とはAmazon.com（AMZN）やApple（AAPL）など、米国の株式市場に上場している会社（銘柄）のこと

❷ 米国株は日本株よりも、つねに安定したリターンを得ることができる

❸ 米国株は米ドルでしか買うことができず、配当金や売却益も米ドルで受けとることになる

❹ 米国株は世界的に有名なグローバル企業が多く、日本株と比べて時価総額が大きい傾向にある

ヒント 🖐 1989年の世界時価総額ランキングで日本企業は上位20社の7割を占めていましたが、2022年は上位20社の7割以上が米国企業で日本企業は1社も入っていません

解 説

　一般的には、日本株よりも米国株の
ほうが、投資のパフォーマンスがよい
イメージがあるかもしれません。

　2021年までの過去30年間のパフォーマンスをみると、たしかに米国
株のほうが日本株よりも、圧倒的に高いパフォーマンスをあげました。

　しかし、いくら過去に高いパフォーマンスをあげたからといっても、
今後も安定した利益をあげられるわけではありません。

あくまでも、過去は過去、未来は未来なのです。

　もちろん、米国株には素晴らしいグローバル企業がたくさんあります。
しかし、すでに時価総額が大きく成長している企業も多く、今後も大き
な伸びしろがあるかということを考えると、投資対象として必ずしも魅
力的とはいい切れません。

　また、米国株は、米ドルでしか購入することができません。日本から
米国株を買うときは、日本円を米ドルに替え、米ドル建てで株を保有す
ることになります。

これはすなわち"為替変動リスク"が生じるということです。

　「給料は日本円で得ているので、投資では米ドルの資産を増やしたい」「円
安で日本円の価値が減るリスクを回避したい」という目的で買うのであ
れば、米ドル建ての米国株投資はとても有効な手段です。

　しかし、逆に円高にふれると、資産が目減りしてしまう可能性もあり
ます。いずれにせよ過去の投資パフォーマンスがよかったからという理
由だけで、安易に米国株を買うのは避けたほうがよいでしょう。

 POINT 　**過去の成績と未来の成績は必ずしもリンクしない**

Q10 どうやったら株で儲けられるの？

株式投資に関する記述で
適切でないものを
1つ選んでください

❶ 投資した会社の業績が市場の期待を上回れば株価は上がる

❷ たとえ事実ではなくても、噂や期待だけで株価は上下する

❸ 株を保有すると、会社の利益の一部をもらう権利が手に入る

❹ 資金量が多いほうが、より高い利回り（投資金額に対する収益の割合）を得られる

ヒント 👆 投資の常識とされていることも、間違った認識のことがよくあります

正解

❹

解説

　一般的には、「お金をたくさん持っている人のほうが、株式投資では有利」とか「個人投資家は、どれだけ頑張っても巨額資金を運用する機関投資家には勝てない」というイメージが強いかもしれませんが、そんなことはありません。

　たしかに同じ利回り（投資金額に対する収益の割合）であれば、資金力が大きいほうが、より大きなリターン（収益）を得ることができます。

　しかし、投資の世界では資金力が大きくなればなるほど、パフォーマンスが下がってしまう傾向があるのです。

　これは「規模の不経済」（diseconomies of scale）といわれるものです。

　とくに小型株集中投資では、投資対象の時価総額が小さいため、市場に流通している株式の数も少ない傾向にあります。

　株式の売買が比較的少ない（出来高が小さい）小型株に投資をする場合、資金力が大きいと、自分の売買によって株価が大幅に上がったり下がったりしてしまいます。

　だから、資金力が豊富な機関投資家は、小型株には手を出しづらい。そこに、個人投資家による小型株集中投資の"勝ち筋"があるのです。

　小型株集中投資は、運用資金が数十万円〜数百万円の個人投資家だからこそ、「勝てる投資」ともいえます。

POINT **資金が豊富な機関投資家には投資できない小型株こそ個人投資家が狙うべき投資先**

Q 11 株価が下がるのはどういうとき？

株価が下落するときの例として
適切でないものを
すべて選んでください

❶ 決算発表で業績がよかったものの、市場の想定には届かなかったとき

❷ 配当金がもらえる権利が確定した日の次の日

❸ 決算発表で業績は悪かったものの、市場の想定よりはよかったとき

❹ 大規模なリストラを発表したとき

ヒント 多くの人にとってはネガティブなニュースでも、投資家にとってはポジティブなチャンスになることがあります

解説

　株価の変動は、業績のよし悪しだけ
では決まりません。市場が想定（期待）
した決算内容に対して、よかったか悪

かったかが大きく影響します。

　①のように**決算で好業績が発表されても、それが市場の期待を超えて
いなかった場合、株価が下落する要因になるのです。**

　漫画『ドラえもん』に登場するキャラクターにたとえると、テストで
いつも当たり前のように100点満点を叩き出す「出木杉くん」の成績が、
今回90点だったとすると周囲の想定を下まわるため、いい点数をとっ
たにもかかわらず評価が下がる。そんなイメージです。

　**逆に③のように決算で発表した業績が悪くても、株価が下がらないど
ころか、逆に上がるケースもあります。**

　それは、業績は悪かったものの、市場の想定よりよかったからです。
テストで０点ばかりの「のび太くん」の成績が、今回30点だったとす
ると周囲の想定を上まわるため、本来は悪い点数なのに評価が上がるよ
うなものです。

　また、好業績だと株主に会社の利益の一部を分配します（これを「配
当金」といいます）。

　配当金がもらえるのは、会社が定めた日（権利確定日）に、株主名簿
に名前が載っていることが条件となります。そういうルールのため、そ
の日に株を保有していただけでも、配当金をもらうことができるのです。

　そのため、権利確定日に向けて配当金を得ようと、株を買う投資家が
増えて、株価が上がる傾向があります。

　ところが、②のように配当金を得られる権利が確定すると、今度は売
りに出す投資家が増えて、株価は下がる傾向にあります。

　④のような大規模な人員削減や拠点の統廃合などのリストラは、"不
景気の代名詞"のようなイメージがあるかもしれません。

　しかし、**企業がリストラを発表すると株価が下がるどころか、逆に上がったりします。**

　なぜなら、リストラによる人件費などのコスト削減で、そのぶん会社の利益が増えると考えられるからです。

　従業員にとってリストラは歓迎できることではないですが、投資家にとっては歓迎するべきことだったりするのです。

投資家にとってリストラはいいニュースなんだ！ボクも投資家にかわいがってもらえるトラになるぞ！

Q12 株価が上がるのはどういうとき？

株価が上昇する要因として
最も適切なものを
1つ選んでください

❶ 決算で好業績を発表

❷ 株式分割を発表

❸ 通期業績の上方修正を発表

❹ 売られる株より買われる株のほうが多い

> **ヒント** 👆 業績がよければ株価は上昇すると思うかもしれませんが、株価が上昇するにはもっと本質的な要因があります

解説

　一見すると①～④まですべてが株価が上昇する要因のように思えるかもしれません。しかし、株価の変動は、あくまで目の前の「売り」と「買い」のバランス、別のいい方をすると、需要と供給のバランスによって決まります。

　売られている株より買われている株のほうが多ければ株価は上昇し、逆に買われている株より売られている株のほうが多ければ株価は下落します。

　もちろん、すべての選択肢が、株価が上昇するきっかけにはなり得ます。ただし、①～③の場合、逆に株価が下がってしまうケースもよくみられるのです。なぜなら、前の設問のとおり、**どれだけ好業績を発表しても、それが市場の想定（期待）を上まわることができなければ、株は売られて下がってしまうからです。**

　業績の上方修正の発表で株価が上がることがあるのは、あくまで「上方修正が発表されたことによって、その会社の株を買おうとする人が増えた」からです。

　日本の株式市場では、基本的に100株単位で売買されますが、株式分割をすると、そのぶん最低購入単価が下がるので、一般の個人投資家も買いやすくなります。

　そのため、株式分割をすると、「その会社の株を新たに買う投資家が増えるだろう」という期待から、株価が上昇するといわれます。

　しかし、近年の相場では、株式分割の発表直後には株価がやや上向くものの、その後、実際に株式分割が実施されるタイミングでは、逆に下がるといった現象がよくみられます。

POINT
株を買う人のほうが多ければ株価は上がり、株を売る人のほうが多ければ株価は下がる

Q13 株価が上がるきっかけは？

株価が上昇する要因として 適切でないものを 1つ選んでください

❶ 投資家から注目されなくても、着実に利益を上げた

❷ Twitterで投資かいわいの有名人がつぶやいてバズった株を 多くの投資家が買った

❸ まだ事業は進展していないが、有力企業との提携を発表した

❹ まだ実際に事業は展開されていないが、「新規事業開始」について のIR（投資家向け広報）をリリースした

ヒント 株価は需要と供給のバランスで決まり、多くの投資家が買えば株価は上がり、多くの人が売れば株価は下がります

45

| 正解 | 解説 |

正解 ❶

どれだけ業績がよくて、どれだけ多くの資産を保有している会社でも、投資家に注目されず、新たに株が買われなければ、株価が上昇することはありません。どれだけ高学歴で年収が高く、身長もコミュ力も高く、性格がよくても、その存在が知られず、誰にも会わなければ、恋人に巡り合えないのと同じようなことです。

目先の株価上昇で大切なポイントは、現在の業績や事業内容より、この先の業績や事業展開への「期待感」です。それにより、多くの投資家から注目され、株が買われれば、おのずと株価は上昇します。

つまり、まだリリースしていない新商品・新サービス、この先に予定している他社との事業提携や企業買収を発表するだけで、現時点では売上高や利益を生み出していなくても、この先に対する投資家の期待感から株が買われれば、目先の株価は上昇することになります。

ただし、**投資家の期待感だけで急上昇したような株価は、その期待が外れた瞬間、大きく下落する傾向があります。**

予定していた新商品・サービスが実際にはリリースされなかったり、されたとしても期待外れだったり、他社との業務提携が頓挫したりすると、期待が裏切られた格好になり、株価は急落するのです。

「オレは将来BIGになる！」という言葉に期待を抱いて、身も心もお金も捧げて支えてきたのに、その後、仕事もせず、浪費癖もある"ヒモ男"だということがわかった……。そんなことが上場企業においても、実際に起こることがあります。

中長期的な値上がり益を期待して保有し続けることができる株は、実際の業績がしっかり伸びて、実態がともなう会社です。

POINT ▶ **目の前の株価は、短期的な期待感によって急変動することがあるので要注意**

Q 14 「PER」ってなんだろう？

PER（株価収益率）の説明として
適切でないものを
すべて選んでください

❶ PER1倍というのは、その会社の時価総額を1年で稼げるという意味

❷ PER100倍の会社の年間純利益が10倍になればPERは10倍になる

❸ PER10倍の会社の年間純利益が10倍になればPERは100倍になる

❹ 一度算出されたPERは、次の決算が出るまで変化しない

ヒント PERは「その会社を丸ごと買った金額を何年で回収できるか？」を測る指標で、PER10倍なら（同じ利益が続けば）10年で回収できるということです

正解

❸ ❹

PERという指標は、**純利益ベースで、時価総額を何年で回収できるか**という指標です。

①PER1倍とは、純利益ベースで、1年あれば時価総額を回収できるということ。PER10倍なら10年、PER100倍なら100年かかるということです。

ですから、PERは数値が低ければ低いほど"割安株"だという1つのモノサシになります。目安となるのが東京証券取引所に上場している銘柄の平均PERで、15倍程度です。

ただし、**これには「現在の純利益が毎年続く」という、ほぼあり得ない前提条件ですから、PERは気にしすぎないほうがいいです。**

②PER100倍ということは、その会社を時価総額で丸ごと買った金額を回収するのに（現在の純利益が毎年続くとしたら）100年もかかるということ。

しかし、純利益が10倍になったら、100年かかるはずのものが、10年で全額回収できることになります。かくもPERは、ざっくりとしたモノサシにすぎないということです。

③PER10倍ということは、その会社を時価総額で丸ごと買った金額を回収するのに、純利益ベースで10年かかるということですが、純利益が10倍になれば、たった1年で回収できることになります。

④そもそもPERは「時価総額÷年間の純利益」で算出されます。一度確定した年間の純利益は変化しませんが、時価総額は株価によって、市場が開いているときはつねに変動します。

より正確な数字を把握するためにも、自分自身でPERを計算する癖をつけましょう。同様に次の設問に出てくるPBR（株価純資産倍率）も自分で計算したほうがいいです。

会社の「利益」には5つの種類があるので覚えておこう！

売上高

売上原価
（原材料費）

売上総利益
（粗利益）

販管費

営業利益

利払いなど

経常利益

特別損益
特別利益

税引前
純利益

法人税など

純利益
（最終利益）

$$\text{PER（株価収益率）} = \frac{\text{時価総額}}{\text{年間の純利益}}$$

PER10倍 ： $\dfrac{\text{時価総額100億円}}{\text{純利益10億円}}$ → 10年で元手回収

PER100倍 ： $\dfrac{\text{時価総額100億円}}{\text{純利益1億円}}$ → 100年で元手回収

POINT ！　PERはその会社を時価総額で丸ごと買ったときに、純利益ベースで元手の回収に何年かかるかという指標

Q15 「PBR」ってなんだろう？

PBR（株価純資産倍率）の説明として
適切でないものを
すべて選んでください

❶ PBR2倍というのは、2万円が入っている財布が1万円で売られているようなもの

❷ PBR1倍というのは、割安でも割高でもない上場企業の平均的な数値である

❸ PBR10倍の会社はものすごい勢いで急成長している企業の可能性が高い

❹ PBR0.5倍の会社をその値段で丸ごと買えたら儲かる可能性が高い

ヒント👆 PBRは「会社が保有する資産」をベースに、その会社の"お手頃感"を測るモノサシ。たとえるなら、PBR1倍は1万円が入っている財布（会社）が1万円（時価総額）で売られている状態です

正解

❶ ❷

PBR 1 倍は、その会社がその会社の「時価総額」と同じだけの「資産」を保有しているということです。

PBR 1 倍より高いほど、その会社の資産に対して時価総額が割高、PBR 1 倍より低いほど、その会社の資産に対して時価総額が割安ということです。

多少変動しますが、上場企業の平均PBRは、1.2倍程度です（PERは前述のとおり平均15倍程度です）。

①のPBR 2 倍というのは、時価総額の半分の資産しか保有していないということなので、「1 万円が入っている財布が2万円で売られている」ような状態です。

②のPBR 1 倍というのは、時価総額と同額の資産を保有しているということなので、「1 万円が入っている財布が1万円で売られている」ような状態ですが、**平均的な数値ということではありません。**

③のPBR10倍というのは、時価総額の10分の 1 の資産しか保有していないということなので、「1 万円が入っている財布が10万円で売られている」という状態です。

ものすごい勢いで急成長しているか、よほど将来性が評価されているか、あるいは一時的な期待感から株が買われている会社でなければ、このような高いPBRはつきません。

④のPBR0.5倍というのは、時価総額の 2 倍の資産を保有しているということで、「1 万円が入っている財布が5000円で売られている」という状態です。

仮にこの会社の全株式を丸ごと買って、全資産を売却したら、理論上は投資額の 2 倍が得られることになります。

現実には上場企業を現在の株価で丸ごと買えるわけではありませんし、仮に全株式を丸ごと買えたとしても、全保有資産を会計上で記録された

「帳簿価格」で売れるわけではありません。

　そもそも、**PBRが割安な会社は、だいたい業績もよくない傾向があるため、PBRが低いという理由だけで、安易に株を買ってはいけません。**

$$\text{PBR（株価純資産倍率）} = \frac{\text{時価総額（株価）}}{\text{保有する純資産（1株あたり純資産）}}$$

PBR1倍：$\dfrac{\text{時価総額100億円}}{\text{資産100億円}}$ → 100億円が入っている財布が100億円

PBR10倍：$\dfrac{\text{時価総額100億円}}{\text{資産10億円}}$ → 10億円が入っている財布が100億円　割高

PBRの割安企業ランキング

順位	証券コード（上場市場）	銘柄名	株価純資産倍率（倍）
1	8416（スタンダード）	高知銀行	0.12
2	8537（スタンダード）	大光銀行	0.14
3	8560（福証）	宮崎太陽銀行	0.15
4	5210（スタンダード）	日本山村硝子	0.17
4	8392（プライム）	大分銀行	0.17
4	8554（福証）	南日本銀行	0.17
7	8360（プライム）	山梨中央銀行	0.18
7	8558（プライム）	東和銀行	0.18
9	6416（スタンダード）	桂川電機	0.19
9	8386（プライム）	百十四銀行	0.19
9	8550（プライム）	栃木銀行	0.19

2023年4月27日時点

POINT PBRの数値上の割安感はあくまで参考程度に

Column

どうやったら株で儲かるの?

　株式投資で利益を得るためにはどうしたらよいのか？　この問いに対して、多くの個人投資家は、明確な答えがないまま、投資をしています。

　マネー誌やTwitterで推奨されている銘柄を鵜呑みにして、自分で調べもせずに買っては損をしたり、ちょっと利益が出たら、すぐに売ったり……。

　トータルでみると、たいして利益を得られていないか、マイナスだったりするケースがあるかもしれません。

　では、どうしたらいいのか？　その答えは明確です。みんながほしいと思う商品・サービスを提供していて、しっかり業績を上げている会社の株を買うことです。

　さらに1つ加えるなら、そうした会社の株を、まだ伸びしろ（成長余地）が残っているタイミングで買って、伸びしろがなくなってきたら売るのです。

　時代がどのように変化しても変わらない、これが株式投資で利益を得るための"普遍的な鉄則"です。

　この鉄則以外は、投資の成功率を少し上げるだけのオマケにすぎません。いろいろな情報に惑わされて、投資の本質を見失わないようにしましょう。

　時間を味方につけて本質を外さなければ、時間の経過とともに資産は増えていくはずです。

小型株集中投資
成長株の見つけ方

続いて基礎編です！
投資は基本をしっかり
押さえておくことが大事！

Q 16 手を出さないほうがいい株は？

業績をともなって株価が伸びて
いる会社に投資する例として、
適切でないものを
1つ選んでください

❶ 立ち食いステーキ店の行列をみて、そのチェーン店運営会社の
株を購入
❷ 店舗数をどんどん増やしているパーソナルジムの存在を知って
運営会社の株を購入
❸ 話題になってユーザーがどんどん増えているスマホゲームの運
営会社の株を購入
❹ 創薬ベンチャーが新薬の開発に着手したというニュースを
キャッチして株を購入

ヒント👆 業績をともなって株価が伸びるということは、その会社の売上高や利益
が現実に伸びているということ

解 説

　すべての選択肢が、投資をするきっかけとして、よく聞くシチュエーションです。

　①〜③は実際にお客さんが集まっていたり、店舗数が増えていたりと、実態をともなっています。ところが、④だけは「新薬の開発に着手」という、この先の期待感からの投資です。

　そもそも、新薬の開発はコストも時間も要するかなりハードルの高い事業です。

　仮に新薬開発に成功したとしても、国に承認されるまでに多くのハードルが存在しますし、市場環境の変化によっては、大きなリターンが得られないかもしれません。

　製薬業界で新薬開発の成功確率は20年間で半減しており、大きな課題にもなっています。

「新薬の開発に着手」という段階では、実態をともなっていませんし、この先の未確定要素が大きすぎて、リスクが高いといわざるを得ません。

　もちろん、そうしたリスクを覚悟したうえで、宝くじを買うような感覚で余裕資金を投じられるのであれば、いいかもしれません。

　実態をともなうということは、その会社が提供している商品やサービスが、お客さんから実際に購入されて売り上げや利益をあげている状態です。

　この先の期待感だけでなく、実態をともなっている会社に投資をすることで、よりリスクを抑えた投資ができるようになります。

POINT　**売上高と利益をともなったビジネスに投資するのが基本**

株価が大きく変動する
きっかけとして適切でないものを
1つ選んでください

❶いままでになかった新商品・サービスが発表され、注目を集めて株価上昇

❷個人情報の漏えいや不正利用が大々的なニュースになって株価下落

❸新型コロナウイルス感染症の世界的まん延で外出自粛が広がって株価下落

❹東京都心の高速道路で交通事故による大渋滞が発生して株価下落

ヒント🖑 日常的なニュースでも、実はそれがきっかけで株価は動いています

正 解

④

解 説

　最も株価への影響が小さいのが、④の交通事故による渋滞です。毎日のように発生しているため、それだけが原因で株価に影響を与えることは考えにくいでしょう。

　一方、新型コロナウイルス感染症のパンデミック（世界的流行）やロシアのウクライナ侵攻などの世界的な異変、個人情報の漏えいや粉飾決算など経営に大きな影響を与える事件をきっかけに、株価が大きく変動するケースはよくあります。

　ただし、**ネガティブなニュースだからといって、必ずしもすべての株価が下がるとは限りません。**

　新型コロナウイルスが猛威をふるって、多くの国々で外出自粛やロックダウンが実施された際、客足が遠のいた観光業やホテル業、外食業に関連する会社の株価は大きく下がりましたが、逆に宅配の出前館（2484）、オンライン診療を手がけるメドレー（4480）、宅配便のSGホールディングス（9143）など、在宅需要をとり込んだ会社の株価は大きく上がりました。

　新型コロナウイルスの感染が拡大しはじめた2020年1月末に比べると一時、出前館の株価は4倍近く、メドレーとSGホールディングスの株価は約5倍になりました。

　このように、**ある一方の見方からすると株価にネガティブなインパクトを与えるニュースであっても、着眼点をかえてみれば、ポジティブなインパクトを得られる株があるのです。**

POINT
!

株価に悪影響を与える情報に株価上昇のチャンスもある

投資先候補の絞り込みの基準として適切でないものを1つ選んでください

❶社員の平均勤続年数が10年以上の会社に絞って探す

❷上場してから5年以内の会社に絞って探す

❸社長が自社株を50％以上保有する会社に絞って探す

❹時価総額が100億円以下の会社に絞って探す

ヒント 👆 投資家にとっての「いい会社」は、投資したあと大きく成長してくれる会社

正解

①

解説

社員の平均勤続年数が長い会社は、働きやすくてよい会社かもしれません。しかし、**社員が働きやすくて長く勤める会社と、株価が上がる会社は、まったくの別物として考えなくてはいけません。**

一般的に平均勤続年数が長い会社は、よくも悪くも業績が安定しているケースが多いです。こうした会社は「守りの投資」には向いているかもしれませんが、資産の桁を増やす「攻めの投資」にはあまり向いていません。

一方、上場してから5年以内の会社は、まだまだ成長する余力があると基本的には考えられます。上場して得た資金力や知名度、社会的信用などを使って、事業を大きく伸ばしていけるとしたら、このフェーズにいる会社は"ダイヤの原石"といえるでしょう。

また、**経営者である社長が大株主として自社株を保有しているということは、小型株集中投資でかなり重要なポイントです。**

なぜなら、株価や株主への配当金を伸ばすという点で、経営者と投資家の利害が一致するからです。

自社株を大量保有している経営者は、株価を上げる（＝時価総額を増やす）ことが自分自身の利益にも直結するため、生え抜きサラリーマンの"雇われ経営者"に比べると、より自分事として株価や配当金を上げようというモチベーションが働きやすいのです。

また、時価総額が小さな小型株のほうが、やはり会社としての伸びしろもあると考えられます。

POINT 経営者が大株主で投資家と利害関係が一致する会社が有望

確実性の高い投資先ってどんな会社？

投資の例として
最もよいものを
1つ選んでください

❶ 証券会社のアナリストがレポートで「買い」を推奨した株を買う

❷ 人気アニメの版権や商品化権を保有する会社の株を買う

❸ 証券会社がすすめる投資信託を買う

❹ 有名な投資家がTwitterで推奨した会社の株を買う

ヒント👆 いい投資を「利益を得られる可能性の高い投資」といい換えて考えてみ
ましょう

正解
❷

解　説

　世の中ではやっている商品・サービスをみつけて、その販売元である会社の株を買う——これは株式投資の基本の１つです。

　投資家への情報提供を目的とした、会社の分析や評価が載っている証券会社のアナリストレポートや、株式投資の情報サイトなどで、「買い」が推奨されている株をみかけます。

　それは、あくまでアナリストやサイトの独自評価なので、その情報を鵜呑みにして、安易に購入するのは避けましょう。

　はやっている飲食店の一番人気のメニューを注文するのであれば、大きく外すことはないかもしれませんし、もし外したとしても損失は許容できる範囲に収まるでしょう。

　しかし、投資は金額の桁が変わり、場合によってはかなり大きな損失を被りますから要注意です。

　また、証券会社がすすめる投資信託というのは、総じて手数料が高いケースが多いです。

　証券会社というのは、販売する金融商品の価格が上がろうが下がろうが、直接的な損失は被りません。売買することによる手数料で手堅く儲けるビジネスモデルなのですから、そうした会社がすすめる金融商品とはどういうものかを考えましょう。

　54ページのColumnでも触れましたが、**近年よくありがちな失敗は、Twitterで盛り上がっている株を買うというケースです。**

　運よく上昇しはじめたタイミングで買って、ある程度株価が上昇したところで売り抜ければ、値上がり益を得られますが、実際のところそう簡単なことではありません。

　株価が上がったり下がったりした結果は、あとからいくらでも分析できますが、これから先の株価の動きは誰にもわかりません（わかってい

たら、すぐに億万長者になれるはずです）。

　Twitterで盛り上がる株というのは、総じて短期的に一気に上がって一気に下がる傾向があります。

「頭と尻尾はくれてやれ」といわれるように、株価の一番安いところ（尻尾）で買って、一番高いところ（頭）で売るというのは、投資のプロでも困難なこと。

　おいしい「身」の部分をいくらか得られればまだマシですが、株価の一番高い天井のタイミングで買ってしまったら、投資したお金を一気に減らしてしまうことになります。

　ちなみに株価の高いところで買ってしまうことを「高値づかみ」、そのなかでも一番高いところで買ってしまうことを「天井づかみ」といいます。

誰かのおすすめを安易に買っちゃダメだよ

Q20 やってはいけない投資とは？

投資してもいい
条件を満たしているものを
1つ選んでください

❶信頼できる知人から教えてもらった値上がりすると噂される株

❷元本保証で月利5％が毎月もらえるFX自動売買ツール

❸有名人も投資していると紹介された1か月で2倍になるという
投資案件

❹自分名義の証券口座から購入できる米国株

ヒント 他人に預けたお金は返ってこないことが多いです

正解

❹

投資を続けていると、必ずといっていいほど、儲かりそうな投資話が舞い込んでくるようになります。

　そして、**うまい話にのって、自分でコントロールできる責任の範囲を超えたお金を預けて運用したりすると、多くのケースで1年以内にお金が戻ってこなくなります。**

　投資で資産を増やしたいのであれば、信頼できる友人の紹介であっても、他人からすすめられた投資案件を鵜呑みにして、安易に手を出すことはやめたほうがいいです。

　もし投資するとしても、自分なりに徹底的に調べたうえで、さらに「最悪の場合、投資したお金を全部失ってもいい」という範囲内で投資をしてください。

　運用益があるとしながら、実際は新しい出資者から集めたお金を横流しして、配当金として払い続ける「ポンジ・スキーム」という手法を駆使した投資詐欺が、昔から形をかえながら、あとを絶ちません。

　また、**私の経験上、FXに限らず、自動売買ツールを使った投資は、最後に必ず破綻します。**

　さまざまな投資会社が自動売買ツールの開発に力を入れていますが、安定して市場のパフォーマンスを超えるものは、私の知る限り、いまだ完成していません。

　仮にそうしたツールがあったとしても、それをわざわざ他人に売る必要はないでしょう。そのツールを自分たちで使ってお金を運用すれば、すぐに大金持ちになれるはずだからです。

POINT

投資は自己責任が大前提なので、自分でコントロールできる範囲内で運用する

Q21 投資のタイミングをどう見極める？

投資のタイミングをつかむための説明として適切でないものを1つ選んでください

流行の全体像をつかめる「イノベーター理論」（86ページ参照）

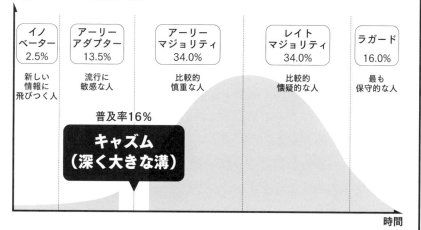

商品・サービスの拡大／普及

イノ ベーター 2.5%	アーリー アダプター 13.5%	アーリー マジョリティ 34.0%	レイト マジョリティ 34.0%	ラガード 16.0%
新しい 情報に 飛びつく人	流行に 敏感な人	比較的 慎重な人	比較的 懐疑的な人	最も 保守的な人

普及率16%

**キャズム
（深く大きな溝）**

時間

❶ 早いタイミングで投資をしたほうが大きなリターンが狙えるため、「イノベーター」のタイミングを狙って投資するべきだ

❷ 流行に敏感な人が認知しはじめた「アーリーアダプター」のタイミングで投資をしても、十分な投資リターンが期待できる

❸ 「レイトマジョリティ」の人たちが入ってきたタイミングでは、企業の業績の伸び率も鈍化してくるため、株価の値上がりよりも配当によるリターンのほうが期待できる

❹ 「ラガード」の人たちが飛びつくころには、とっくに株価はピークアウトしている可能性が高いため、投資してはいけない

ヒント 投資するタイミングが遅すぎるのもダメですが、早すぎると世の中の動きがついてこないリスクがあります

❶

①一見すると「イノベーター」のタイミングで投資するのが、リターンの最大化につながるように思えるかもし

れません。しかし、思ったほど市場に浸透せず、「アーリーアダプター」にたどり着く前に消え去ってゆく商品・サービスは山のようにありますから、このタイミングで投資するのは、リスクが大きいともいえます。

　もちろん、結果的に商品・サービスの普及に加速度がつく「キャズム（普及手前の深い溝）」を越えて、大きく成長することができれば、「イノベーター」のタイミングで早期に投資しておけばよかったということになります。ところが、そのぶんリスクも高まるため、個人投資家にはあまりおすすめできません。

　②「イノベーター」のフェーズを越えて、「アーリーアダプター」にも普及してきたら、投資タイミングが訪れたと考えていいでしょう。

「キャズム」を越えたところで一気に伸びますが、理想の投資タイミングは、その「半歩前」の投資です。早すぎても遅すぎてもいけません。

　③商品・サービスが世の中に普及するピークを越えて「レイトマジョリティ」の人たちが入ってくる頃には、株価もピークに達しているか、ピークアウトしているでしょう。

　このタイミングで投資しても、株価の上昇は期待できず、期待できるのは配当金によるリターンくらいでしょう。

　④最も保守的な「ラガード」の人たちが飛びついてきたときは、もうすぐその商品・サービスは寿命を迎えるといえます。

　株価はだいぶ前にピークアウトしていますし、事業の業績もピークアウトしているでしょう。このタイミングでは、投資をしてはいけません。

POINT 商品・サービスがある程度普及して「キャズム」を越えるか越えないかのタイミングで投資するイメージ

Q22 株の"伸びしろ"はなにを参考にする?

株を買うタイミングを
1つ選んでください

❶ ジム運営会社の株で結果にコミットする新しい業態のパーソナルジムが人気で、都内を中心に10店舗ほど展開しているとき

❷ ゲーム会社の株で国内3000万ダウンロード超のスマホゲームが大ヒットしているとき

❸ 大企業のシャープ(6753)の株で新型コロナウイルス感染症のまん延をきっかけにマスク不足が社会問題になり、マスク事業に着手したとき

❹ チェーン店運営会社の株で気軽に立ち寄れる立ち食いステーキチェーンが人気で国内に400店舗ほどを展開しているとき

ヒント🖐 株を買ってもいいタイミングは、いまから投資してもまだ成長しそうなとき。逆にいまが株価のピークである可能性が高いときは、株を買ってはいけないタイミングです

解 説

　株を買うタイミングとは、その会社の事業に"伸びしろがある"ときです。

どれだけ商品・サービスが売れていても、現在が業績のピークであれば、この先、株価が伸びる余地はありません。

　"業績の伸びしろ"こそが、これから投資する会社から得られるリターンの源泉だということを忘れないようにしましょう。

　では、業績の伸びしろとはなにか？　この設問の選択肢をベースに、具体的にみていきましょう。

　①都内に10店舗ほどの展開であれば、この先、まだまだ店舗数を増やしていくことは可能と考えられるので、このタイミングでの投資は適切だといえます。

　②国内3000万ダウンロード超というのは、一見すると投資対象として魅力的ですが、日本の人口は1億2000万人台ということを考えると、すでに全人口の4分の1にあたるユーザーがいるということになります。となると、伸びしろはそれほどないと想像できます。

　仮にこのスマホゲームを日本人の3人に1人がダウンロードした状態が、日本市場でのピークだと予測したとしましょう。すると4000万ダウンロードが、おおよその天井となります。

　これに対して、すでに3000万ダウンロードになっているということは、**今後の伸びしろは25％程度しかなく、このタイミングで投資するには遅すぎると考えられます。**

　③大企業のシャープがコロナ禍で需要がひっ迫したマスクの事業に着手するとなると、期待が高まります。しかし、忘れてはいけないのは、シャープは売上高2兆円以上の大企業だということです。

　もしマスク事業が成功したとしても、シャープの株価に与えるインパクトは、かなり限定的なのです。実際のところマスクは当初は50枚入

り2980円で発売しました。仮に年間1000万箱売れて大ヒットになったとしても、売上高300億円程度。**シャープ全体の売上高2兆円超からすると、誤差の範囲にすぎないのです。**

そもそも需要がひっ迫したマスク不足の市場環境下では、既存メーカーも全力でマスクの増産体制を整えるでしょう。

仮にマスク事業が好調に推移したとしても、コロナ禍の悪影響から、ほかのシャープ製品の売上高が落ちる可能性を考えると、シャープ全体の業績が必ずしもよくなるとはいえません。

④は、同業チェーンの店舗数ランキングをみると、1位のガストと2位サイゼリヤが1000店舗超えで、3位以下はガクンと減ります。飲食店チェーン国内400店舗から、さらに大きく店舗数を増やすことは難しいといえるでしょう。

実際、立ち食いステーキの「いきなり！ステーキ」を展開していたペッパーフードサービス（3053）も500店舗の手前で、店舗数が縮小に転換しました。

チェーン別　店舗数ランキング

順位	チェーン名	2022年 1月	2023年 1月	増減率（％）
1位	ガスト	1328	1317	-0.8
2位	サイゼリヤ	1081	1073	-0.7
3位	ジョイフル	626	615	-1.8
4位	ココス	521	512	-1.7
5位	バーミヤン	348	355	+2.0
6位	デニーズ	326	320	-1.8
7位	ジョリーパスタ	300	306	+2.0
8位	ロイヤルホスト	218	218	0
9位	和食さと	206	209	+1.5
10位	ジョナサン	210	206	-1.9

出典：日本ソフト販売HP

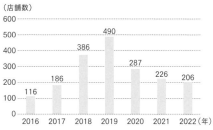

いきなり！ステーキの店舗数推移

（店舗数）

116（2016）　186（2017）　386（2018）　490（2019）　287（2020）　226（2021）　206（2022年）

各年12月時点のデータ

POINT　**株式投資はその会社に伸びしろがあるかどうかを見定める**

Q23 会社の成長余力はどこをみる？

株を買ってもいい会社として最も適切なものを1つ選んでください

❶ 時価総額100億円、過去5年間は売上高50億円・純利益5億円を安定キープしているメーカー

❷ 時価総額400億円、売上高30億円（3年で10倍）・純利益20億円のM&A（合併・買収）仲介会社

❸ 時価総額2000億円、売上高200億円（3年で10倍）・純利益100億円のM&A仲介会社

❹ 時価総額50億円、売上高100億円（3年で微減）・純利益10億円の出版社

ヒント まだ伸びしろがある会社の株は買ってもいいですが、すでに大きく成長してしまった会社、また市場自体が小さい会社の株を買うときは注意が必要です

正解

❷

　この設問でも、株を買ってもいい会社を見極めるためのポイントは、その"伸びしろ"です。

　①は、時価総額100億円とまだ小規模で、その点では投資対象としては検討の余地があります。しかし、**業績が安定している会社というのは、もう伸びしろがない可能性が高いとも考えられます。**

　もちろん、業績が安定しているということは、しっかりと需要をとり込めているわけですが、株価上昇の伸びしろという点からすると、投資は見送ったほうが無難です。

　②は、小型株集中投資の観点からすると、時価総額400億円と本書で目安とする300億円より高めですが、売上高が3年で10倍と急成長しています。M&Aという業界自体も、今後のさらなる社会の高齢化によって、事業譲渡の需要が増えることで、業界全体が伸びていくと予想されます。

　時価総額400億円に対して純利益20億円で、PER（株価収益率）20倍と割高です（48ページで触れたように、PERは15倍程度が1つの目安で、数値が小さいほうが割安、数値が大きいと割高とされます）。

　もっとも、そこまで過度に割高な水準でもないため、成長企業を買うタイミングとしてはアリです。②は、2022年7月時点のM&A総研ホールディングス（9552、旧M&A総合研究所、2023年3月に社名変更）を想定したのですが、本書執筆時点で大きく株価を伸ばしています。

　③も②と似たような条件ですが、時価総額2000億円と大きいです。**株価の伸びしろからすると、ほかが同じような条件であれば、時価総額の小さな②のほうが、より大きなリターンを期待できます。**

　④は、時価総額50億円とかなり小さく、それだけみると魅力的です。しかし、出版という業界で直近3年間収益が減少していることを考慮すると、このタイミングでの投資は見送ったほうが無難でしょう。

　私自身がM&A総研ホールディングスに注目し、実際に投資して大き

な値上がり益を得ましたが、着目した当時の業界比較をみると、業界トップの業績に比べて、時価総額・売上高ともに、伸びしろがふんだんに残されていたことがわかります。

M&A業界 競合比較

	時価総額	売上高	PER	手数料体型
日本M&Aセンター ホールディングス （2127）	5880億円	420億円	14倍	着手金＋成功報酬
M&Aキャピタル パートナーズ （6080）	1120億円	160億円	7倍	中間報酬＋成功報酬
ストライク （6196）	740億円	110億円	6.7倍	中間報酬＋成功報酬
M&A総研 ホールディングス （9552）	400億円	30億円	13倍	成功報酬のみ

2022年7月23日時点

M&A総研ホールディングス（9552）の株価チャート

注目時は時価総額400億円

1万2000円
9600円
8000円
4000円
0

2022年7月　　　2022年10月　　　2023年1月　　　2023年4月

POINT　時価総額が小さく業績が伸びている会社に投資するのが基本

「時価総額」と「市場規模」の
バランスをどうみる？

有力な投資先として
最も適切なものを
1つ選んでください

どの会社に投資しようかな!?

❶ 時価総額　100億円

　業　種　外食

市場規模　25兆8000億円

手頃な価格で和食を楽しめる外食チェーン。24時間営業で人気を集め、店舗数を急拡大している

❷ 時価総額　1000億円

　業　種　外食

市場規模　25兆8000億円

誰もが知る業界トップのファミリーレストランチェーン。日本全国に店舗を展開しており、業績も安定している

❸ 時価総額　50億円

　業　種　学習塾

市場規模　9700億円

少数精鋭の講師陣によるオンライン授業が好評で注目を集め、生徒数を順調に増やしている

❹ 時価総額　500億円

　業　種　学習塾

市場規模　9700億円

業界大手で有名な学習塾。日本全国に教室を展開していて、東大や京大などの難関大学への合格者も多数輩出している

ヒント 👆「どの会社にこれから最も成長する伸びしろが残されているか?」という視点で考えてみましょう

正解 ❶

　投資をして大きなリターンを期待できるポイントは、この先の"業績の伸びしろ"です。

　同じ業界ならば、すでに成長して伸びしろが小さい"時価総額が大きな業界大手"に投資をするという選択肢はなくなります。

　したがって、まずは選択肢を①か③に絞ります。

　この2社を時価総額で比べると、①時価総額100億円、③時価総額50億円なので、③のほうが伸びしろが大きいように思われるかもしれません。ところが、市場規模でみると①の外食業界は約26兆円、③の学習塾業界は約1兆円と、約26倍もの差があります。

　このことから、市場規模を考慮すると①のほうが伸びしろがありそうだという結論になります。ただし、比較すると①のほうが有力とはいえ、③も捨てたものではありません。

　小型株集中投資は、時価総額300億円以下を目安にしますから、③の時価総額50億円も伸びしろが感じられます。

　そこで時価総額の伸びしろについて、より詳しくみてみましょう。学習塾業界9位「幼児活動研究会（2152）」は、時価総額140億円規模なので、③がトップ9まで食い込んできたとしたら、現在の50億円から140億円まで時価総額が伸びる可能性があります。したがって、**時価総額の伸びしろは3倍程度**と概算できます。

　一方、外食の業界10位「くら寿司（2695）」は時価総額1300億円以上の規模で、時価総額100億円規模の①がトップ10まで食い込んできたとしたら、現在の100億円から1300億円以上まで伸びると考えられます。したがって、**時価総額の伸びしろは13倍以上**と概算できます。

　状況によっては③のほうが魅力的な投資先になることもあるでしょう。ただ、今回は市場規模の桁が違うので①を正解とします。

学習塾業界の時価総額ランキング

順位	会社名（証券コード）	時価総額
1	ベネッセホールディングス（9783）	1997億7100万円
2	ナガセ（9733）	598億8600万円
3	リソー教育（4714）	454億5700万円
4	ステップ（9795）	300億5600万円
5	東京個別指導学院（4745）	293億1700万円
6	早稲田アカデミー（4718）	263億1300万円
7	学究社（9769）	236億9200万円
8	明光ネットワークジャパン（4668）	181億5600万円
9	幼児活動研究会（2152）	139億9900万円
10	進学会ホールディングス（9760）	59億2900万円

2023年5月2日時点

外食業界の時価総額ランキング

順位	会社名（証券コード）	時価総額
1	日本マクドナルドホールディングス（2702）	7618億6100万円
2	ゼンショーホールディングス（7550）	6666億8400万円
3	すかいらーくホールディングス（3197）	4165億5700万円
4	FOOD & LIFE COMPANIES（3563）	3783億8600万円
5	トリドールホールディングス（3397）	2543億5500万円
6	壱番屋（7630）	1698億4600万円
7	吉野家ホールディングス（9861）	1626億9400万円
8	アトム（7412）	1622億300万円
9	王将フードサービス（9936）	1439億900万円
10	くら寿司（2695）	1328億9300万円

2023年5月2日時点

POINT 業界トップより時価総額が小さくて伸びしろのある会社が投資対象

「株価チャート」はどうみたらいい?

次の株価チャートのなかから株を買ってもいいタイミングの会社のもの
をすべて選んでください

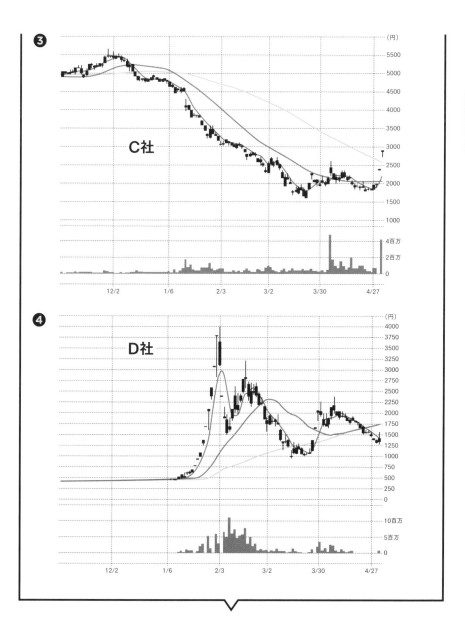

ヒント 株価チャートによる売買タイミングの判断は、「上がりはじめたら買い、下がりはじめたら売る」が基本です

正解

①③

解説

「株は上がりはじめたら買って、下がりはじめたら売る」のが基本です。

①は、しばらく上がったり下がったりとグズグズしていた株価が、ようやく上がりはじめたので、買ってもいいタイミング。②は、グズグズしていた株価が一気に下がり、底値をつけてから、やや上昇トレンドに転換。しかし、現在の株価が長期移動平均線（一定期間の終値の平均値をつなぎ合わせた折れ線グラフ）の下に位置しているので、まだ買わないほうがいいタイミングといえます。

③は、右肩下がりで一見買ってはいけないタイミングのように思えるかもしれません。しかし、直近の株価の動きをよくみると、大きな出来高（期間中に成立した売買数量の棒グラフ）をともなって、長期移動平均線を超えています。**こうした値動きは底値を打ったと考えられるため、買ってもいいタイミングといえるでしょう。**ただし、一時的な上昇である可能性も否定できないため、注意は必要です。

④は、動きのなかった株価が一気に急上昇したあと、崩れています。いったん上がり切ったところで「利益確定売り」が入っているので、その一時的な株価下落のタイミングを狙う「押し目買い」をしてもいいかもしれません。しかし、**長期移動平均線を現在の株価が割り込んでしまっているのに加えて、出来高も少ない。これは、投資家からあまり注目されていない状態といえます。**

よくあるケースですが、過去に一度急上昇した銘柄は、一度株価が落ちはじめると、よほどのことがない限り、過去につけた最高値を更新するのは難しいです。逆に、大きな出来高をともなって最高値を更新し続けている銘柄は、そのあとも更新し続ける傾向があります。

POINT 　長期移動平均線を株価が割り込んでいるときは買わない

Q26 暴落に巻き込まれないためには？

株を買ってはいけないタイミングを 1つ選んでください

① ゲーム会社の株でその会社のスマホゲームが発売されてテレビでCMが流れ出したとき

② ジム運営会社の株でこれまでみかけなかった新形態のパーソナルジムのポスター広告を街中で見かけたとき

③ Apple（AAPL）の株でガラケーがまだ主流の時代にiPhone4が発売されたとき

④ これまで投資をしていなかった大勢の人が急に投資をするようになって相場が大きく上昇したとき

（参考）iPhoneの普及を「イノベーター理論」（69ページ参照）にあてはめた例

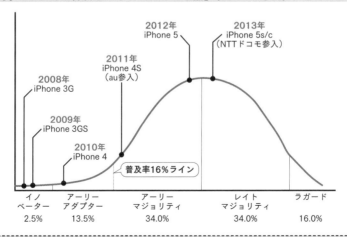

イノベーター	アーリーアダプター	アーリーマジョリティ	レイトマジョリティ	ラガード
2.5%	13.5%	34.0%	34.0%	16.0%

ヒント 株は買うタイミングと同じくらい売るタイミングが大切。「これ以上もう誰も株を買わない」と思ったら"売る"のが基本です

正解

❹

解説

　これは高い視点から、投資のタイミングを見定める力を鍛える設問です。

　①～③の選択肢は、これからまだ伸びしろがあるタイミングです。ところが④は、**ある種のバブル状態になっており、今後、株価が大きく下がる可能性を示唆しています。**

　かつて株価が大暴落した1929年10月24日の「暗黒の木曜日」の３か月前のこと。ジョン・F・ケネディ米大統領の父親で大物相場師だったジョセフ・ケネディ氏が、ウォール街の靴磨きの少年と交わした次の会話が有名です。

　ケネディ氏の「相場はどうかね」という冗談めいた問いかけに、靴磨きの少年は「上がってるよ。おじさんも石油や鉄道を買ったほうがいい。天井知らずだからね」と得意げに教えてきたそうです。

　投資の素人である靴磨きの少年でさえ、株の投機に浮かれている現状を知り、「これは危ない」と感じたケネディ氏は保有株をすべて売却。その後、訪れた「暗黒の木曜日」の株価大暴落を免れたといいます。

　こうした売買タイミングの全体像をつかむには、およそ60年前に社会学者のエベレット・M・ロジャーズ氏が唱えた「イノベーター理論」も役立ちます（69ページ参照）。

　革新的な新商品・サービスは、新しいもの好きな層が購入を先導して、「普及率16％」を超えると一気に加速するというものです。

　かつてのガラケーからスマホへの転換は、iPhoneの人気が牽引しましたが、あのときも普及率16％程度の段階を超えてから、爆発的に普及したという見方が強いのです。

 POINT これまで投資をしてこなかった人たちがこぞって投資をはじめたら要注意

株を買ってはいけない
タイミングとは？

株を買ってはいけない
タイミングを
すべて選んでください

❶ 地元の上場企業の株で業績はいいのに投資家から注目されず、3年間ほど株価に動きがないとき

❷ コロナ禍で大きく下落した相場が、少し落ち着きをとり戻してきたとき

❸ Netflix（NFLX）の株でコロナ禍が長引き株価が過去最高を更新したとき

❹ 新作ゲームへの期待から直近1か月で株価が5倍になった会社の株でゲーム発売前日

> **ヒント** 投資家から注目されず出来高が低迷している株は、株価の下落リスクこそ小さいかもしれませんが、長期間保有しても株価上昇が期待できないことが多いです

正解

①③④

解 説

　②以外は、すべて買ってはいけないタイミングです。①のように、株価も出来高も低迷していて、投資家から注目されていないけれど、売上高も利益も堅調な会社をみつけると、まるで自分だけが宝物を見つけたかのような気持ちになったりします。

　しかし、**どれだけ業績がよくても、投資家が注目して、実際に株が買われなければ、株価は上がりません。**場合によっては何年間も同じような状況が続くこともあります。そうやって限られたタネ銭を塩漬けさせるくらいなら、より有望な株に投資したほうが機会損失を免れられます。

　②のように、相場の落ち着きをとり戻したタイミングであれば、買ってもいいと思います。ただし、ここでも投資家の動きの変化をしっかりとみて、購入する株を選ばなくてはいけません。

　③の状況で買わないのは、一見すると大きなチャンスを逃しているように思えるかもしれません。しかし、コロナ禍によってNetflix（NFLX）の株価が上昇しはじめたときならまだしも、特需のようにNetflix株が爆買いされているタイミングで慌てて買うと、相場の一番高いところで買ってしまう**「天井づかみ」**になりかねません。さらに最悪の場合には、最高値で買い最安値で売って大損をする**「天井づかみの底たたき」**という憂き目にあうかもしれません。

　④は、厳密には時価総額なども考慮しなければ判断できませんが、発売前にもかかわらず、期待感から株価が5倍になっている株を、しかも発売前日に買うのはリスクが高すぎます。

　実態のない状態で期待感から株価が5倍になっているのは、期待が外れると株価は5分の1になってしまう可能性があるということです。

POINT　業績がよくても投資家に注目されないと株価はいつまでも上がらない

株の"売り時"はどう見極める?

株を売ってもいいタイミングを
すべて選んでください

❶ 保有株が時価総額1000億円を超えて、業績の伸び率も少し
落ち着いてきたとき

❷ 保有株の好決算が発表された直後、ストップ高になったとき

❸ 新業態を展開した飲食チェーンの株を買ったものの、その後の
業績がイマイチ伸びないとき

❹ 半年ほど株価の変動がほとんどなかった保有株の出来高が増
え、株価が上がりはじめたとき

ヒント 👆 株を売ってもいいタイミングは、「これ以上大きな上昇が見込めない」と
判断したとき

解 説

売ってもいいタイミングというのは、買ってはいけないタイミングでもあります。26ページでも触れましたが、**小型株集中投資では、基本的には①のように時価総額1000億円を超えたら、売るタイミングを考えたほうがいいでしょう。**なぜなら、時価総額1000億円くらいまではスルスルと成長しても、それ以上のステージになると、とたんに成長のスピードが遅くなる傾向があるからです。

②のように、保有株が好決算を受けてストップ高になったからといって、慌てて売る必要はありません。

ストップ高になったということは、多くの投資家の注目を集めて、たくさん買われたということです。もう少し上がる可能性も高いですし、ある程度、株価が落ち着くまで待ってから売ったほうがいいでしょう。

株価チャートをみて、上がりはじめたばかりのタイミングであれば、**その後も上昇トレンドが続いている間は売らず、保有しておいて、売るタイミングを探るくらいのほうがいいでしょう。**

③のように、買ったときの成長のシナリオが描けておらず、予測を誤ったときは、「買った理由（保有し続ける根拠）がなくなってしまった」と判断して、売却したほうがいいです。

今回は新しい業態がうまくいくと思ったから株を購入したわけです。その前提が崩れてしまったのなら株をもち続ける理由はありません。

④のように、これまで株価に変化のなかった株が、出来高をともなって少しずつ上がりはじめたときは、焦って売らず、そのまま保有しておいたほうがいいです。上昇トレンドが続くようであれば、追加購入を検討してもよいでしょう。

 POINT 売ってもいいタイミング＝買ってはいけないタイミング

売らないほうがいい
株価チャートの形とは？

次の株価チャートのなかから株を売らないほうがいいタイミングの会社のものを1つ選んでください

❶

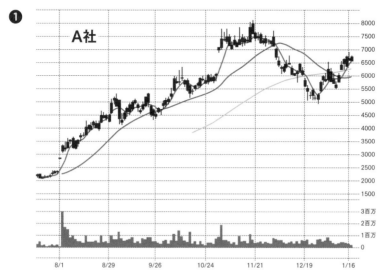

A社

❷

B社

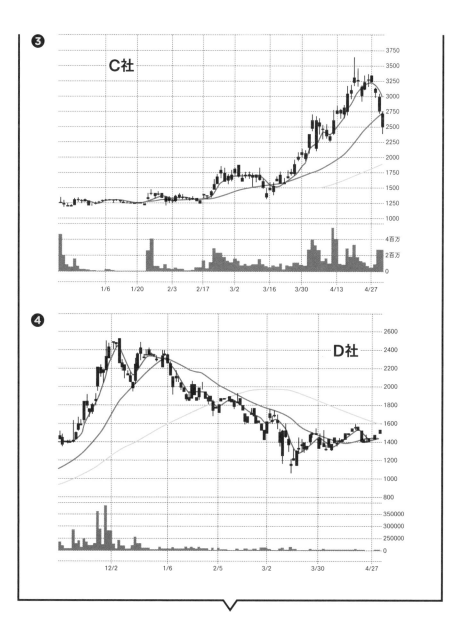

ヒント 株は上がりはじめたら買い、下がりはじめたら売るのが基本です

解説

①の株価チャートは、直近の最高値をつけてから、一度株価を下げています。そのあと、少しもち返していますが、最高値は更新できずにいる状態です。

ここから、さらに株価が上昇して直近の最高値を更新する可能性もありますが、ここは売ってもいいタイミングでしょう。

②の株価チャートの形は、売らないほうがいいです。出来高をともなって株価が上がっている要因に、実態のある業績の裏づけがあるのなら、このうえない絶好の買いのタイミングでもあります。

余裕資金があれば、買い増しをしてもいいくらいです。

ずっとグズグズしていた株価が、大きな出来高とともに急上昇しはじめたら、しっかりと握っておきましょう。

③は、上昇トレンドが一巡して、少し株価が落ちてきた形のチャートです。まだまだ伸びしろがあると考えるなら、もう少し保有し続けてもいいのですが、下がりはじめの角度が急なこともあり、売ってしまってもいいタイミングです。

④は、いったん上がった株価の下降トレンドがしばらく継続しているチャートの形ですが、**こうなる前に、さっさと売ってしまいましょう。** また、よほどの好材料がない限り、下降トレンドのチャートの株を買うのは、避けたほうが無難です。

POINT

> グズグズしていた株価が出来高の増加とともに上昇しはじめたら絶好の買いタイミング

Q 30 買い値より株価が下がったときの判断は？

損切りの判断で 適切でないものを 1つ選んでください

❶ 業績は悪くないが、出来高が減って株価が下がり、戻る気配が なかったので損切り

❷ 買った直後に10％ほど下がったが、株価5倍を目指して投資し たので保有し続ける

❸ 思っていたよりも決算発表の業績がよくなかったので損切り

❹ 1年前に買った株が含み損を抱えているが、時間をかけて含み 損を解消するため保有を継続

ヒント 👆 その株を買った理由がなくなったら売るのが基本です

正解

❹

解 説

①のように、たとえ業績が悪くなくても、出来高が減って、株価が下がり、戻る気配がない場合は、損切りしたほうが無難です。目先の株価は、業績のよし悪しではなく、株の売り買いのバランスで決まるものなので、**一度株価が下がりはじめると、投資家に嫌われて、新規の買いが入りにくくなる傾向があります。**

②のように、長期的に株価が5倍くらいまで伸びると期待して投資をしたのであれば、投資直後に10％程度下がっても、それは"誤差の範囲"だと判断して保有し続けても問題ありません。

③のように、決算発表で思ったよりも業績がよくなかったときは、**「想定していたシナリオが崩れた」**と判断して損切りをすることも必要です。投資した理由が好業績への期待であれば、期待した業績よりよくなかったら、買った理由（保有する根拠）がなくなるともいえます。

④は、いわゆる"塩漬け株"です。塩漬けというのは、買い値より株価が下がって、近い将来上がりそうにないものの、いま売ると損をするので、やむをえず保有している状態のことです。

相場には**「見切り千両、損切り万両」**という格言があります。これは含み損を抱えたとき、損失が小さいうちに見切りをつけることは「千両」の価値があり、損失を広げないように、ある程度の損を覚悟して損切りすることは「万両」の価値があるということです。

あらかじめ許容できる損失の上限を、最大でもマイナス10〜20％程度と想定しておきましょう。**たとえ投資銘柄の半分を10〜20％程度で損切りしたとしても、残りの半分が数倍になってくれれば、トータルで大きくプラスになるというスタンスです。**

POINT 買ったときのシナリオが崩れたら、いったん売却

株価が下がって損切りするか
迷ったときの判断として
適切でないものを
1つ選んでください

❶ 株を売ったあと、また同じ株を買いたいと思うなら保有継続

❷ 株を売ったあと、別の株を買いたいと思うなら損切り

❸ いま売ってしまうと損失が確定してしまうので、長期的に保有して株価の回復を待つ

❹ より魅力的な投資先がみつかったので、損切りしてそちらに乗り換える

ヒント 🫰 「損切りするかしないか？」ではなく「その銘柄にいまから投資したいと思うか？」という視点で考えてみましょう

正解

❸

解説

　ここまで読み進めてきた方にとって、この問題は簡単だったかもしれません。

　買ったときより株価が下がり、損失を抱えている状態で保有している株を損切りするかどうか迷ったときは、次のように自問自答してみてください。

　この株を損切りしたとして、またすぐに同じ株を買いたいと思うか？

　またすぐに買いたいと思うなら、いまは損切りするタイミングではありません。買いたいと思わないのなら、損切りになるとしても、すぐに売ったほうがいいでしょう。

　多くの投資家は、無意識に③の行動をしがちです。2002年にノーベル経済学賞を受賞したダニエル・カーネマン米プリンストン大学名誉教授らの「プロスペクト理論」によると、**「人は投資で損したときに大きな精神的苦痛を受ける」**そうです。投資で儲けた喜びより、損をする苦痛のほうが、3倍も大きいというのです。これが多くの投資家が無意識に③を選びがちな根本的な理由でしょう。

　いま売ってしまうと損失が確定して苦痛をともなうとしても、下降トレンドにある株は、基本的に下がり続けます。

　そうした下がり続ける可能性の高い株は、いったん売って、そのタネ銭で株価が上がりはじめた銘柄に乗り換えたほうが、全体の投資パフォーマンスは向上するはずです。

　小型株集中投資では、魅力的な投資先をつねにストックしておいて、当初のもくろみが外れた株は躊躇（ちゅうちょ）なく損切りし、貴重な資産をより有力な株に移動することも必要です。

POINT ▶ 損失の苦痛を乗り越えて、より有力な株にお金を移動させる

Q32 日ごろのニュースを 株の売買にどう生かす？

スマホで次のニュースの見出しをみたとき、投資に生かすための情報を取捨選択する考え方として適切でないものを1つ選んでください

創薬ベンチャー支援　経産省、がん・認知症への拡大視野

ヘルスケア │ 19:41

経済産業省は創薬ベンチャー企業への支援強化で、ベンチャーキャピタル（VC）から受けた投資額の最大2倍を補助する事業を拡充す…続き

車部品会社の業態転換、経産省が支援　EVなど専門家派遣

自動車・機械 │ 19:38

経済産業省は自動車の電動化に対応し、部品メーカーへの支援を強化する。電気自動車（EV）などの開発や生産に詳しい大手メー…続き

貿易赤字最大の19.9兆円　22年、円安と資源高響く

Think! │ 11:15更新

財務省が19日発表した2022年の貿易統計速報によると、輸出額から輸入額を引いた貿易収支は19兆9713億円の赤字だった。…続き

訪日客100万人超す　22年12月、コロナ前比54％に回復

小売り・外食サービス・食品 Think! │ 6:21更新

新型コロナウイルスの水際対策が2022年10月に本格緩和され、インバウンド（訪日外国人）の回復が鮮明になってきた。22年1…続き

出所：日経電子版　　　　　　　　　　　　　　　　　　　　Photo：Adobe Stock

❶ 政府が創薬ベンチャーの支援をはじめたらしい。いますぐ創薬ベンチャーに投資をすれば儲かるのでは？

❷ 電気自動車（EV）化に向けて政府が部品メーカーに支援をはじめたらしい。部品メーカー業界の急成長は期待できないけれど、世界に通用する技術をもつ会社があるか調べてみよう

❸ 円安によって貿易赤字が拡大しているけれど、小型株への投資に直結しそうな情報ではないから、このニュースはスルーしよう

❹ コロナ禍に比べ訪日客がだいぶ戻ってきたので、日本の観光やホテル業界にも活気が戻ってきそう。外国人に人気のあるサービスを提供している上場企業がないか調べてみよう

ヒント 毎日の経済ニュースから投資につながりそうな情報だけ拾いましょう

正解

❶

解 説

　日々のニュースを投資に生かすことは大事ですが、ネットを中心に大量の情報があるだけに、「なにを選ぶか？」よりも「なにを捨てるか？」がポイントになります。

　すべてを拾うことは不可能ですから、「不要な情報には触れない」というスタンスが必須です。

　投資につなげる情報を得るには、大前提として集めるのは「自分が理解できるジャンル」の情報であること。そのなかで、投資に直結しそうな情報だけを拾うように意識するといいでしょう。

　今回はスマホのニュースを見出しだけでサクサク判断するための設問です。

　①の政府が創薬ベンチャーの支援をはじめるというニュースは、業界にとっては追い風です。

　ただし、創薬ベンチャーの実態をみると、ほとんどの会社が赤字続きで、上場したあとも赤字が解消せず、期待感だけで株価が上昇する"マネーゲーム"になっている傾向が強いです。

　それだけに、政府からの支援を得られたとしても、創薬ベンチャーが本当に世の中に対して付加価値を提供できるようになるかどうかの判断は、慎重にならざるを得ません。

　そもそも、**創薬ベンチャーは厳しい状況にあるので、政府が支援するという理由だけで投資をするのは少し勇み足だと思います。**

　②は、EVの部品メーカーに政府が支援をするというニュースです。これも①と同様に政府が支援をするという事実はプラス材料ですが、それだけで部品メーカーの業績がよくなるわけではありません。政府からの支援を得られることと、実際に業績が向上することは別問題として考えなければなりません。

　基本的には、実際に業績が上がらないと株価も上がりません。そのた

めに大事なのは、その部品メーカーが、どんな技術をもっていて、市場にどんな付加価値を与えて、新たに業績を伸ばせるかということです。

③は、円安によって貿易赤字が拡大しているというニュースですが、深掘りすれば投資につながる可能性のある情報です。

ただし、輸出入に関連する会社は、自動車メーカーのように時価総額が大きい会社が多いです。

貿易関連の仕事をしていたり、この業界に詳しくて得意分野だったりする人以外は、このニュースを深掘りして、投資を検討する必要はないでしょう。

④にあるとおり日本政府が外国人の入国規制を緩和してから、インバウンド（訪日外国人旅行者）が増えてきました。コロナ禍で壊滅状態だった観光業界も、本書執筆時点ではにぎわいをとり戻しつつあります。

観光で必要不可欠なのは、「食」「宿泊」「移動」です。観光産業の復活で、こうした業界が伸びていくことが予想されるので、このニュースをきっかけにして投資先を探ることは、とても有益です。

今回は①を正解としましたが、厳密にはニュースの拾い方に正解・不正解はありませんから、自分自身が詳しいジャンルや業界のニュースを積極的に深掘りしてみましょう。

人間の世界はニュースが多すぎて大変だ！

POINT 日々のニュースから得られる情報を投資につなげる

ストップ高・ストップ安ってなに？

「ストップ高」「ストップ安」という言葉をニュースなどで耳にしたことがあるかと思います。これは、株価の上昇と下落を一定限度内に抑えるための決まりごとです。前日の終値と比べて、基準値段における制限値幅を超えているかが判断基準となります。

　株価は急騰・急落することがあるものの、あまりに急激な株価変動で投資家に大きな混乱や損害が生じないように、前日終値からの価格変動を一定限度内にする「制限値幅制度」が、日本の証券取引所にはあるのです（ちなみに米国の株式市場にはありません）。

　制限値幅は株価によって異なりますが、値幅いっぱいに急騰すると「ストップ高」、逆に値幅いっぱいに急落すると「ストップ安」となり、その日は「ストップ高」「ストップ安」を超える株価では取引できなくなります。

基準値段（株価）	制限値幅
100円未満	30円
100円以上 ～ 200円未満	50円
200円以上 ～ 500円未満	80円
500円以上 ～ 700円未満	100円
700円以上 ～ 1000円未満	150円
1000円以上 ～ 1500円未満	300円
1500円以上 ～ 2000円未満	400円
2000円以上 ～ 3000円未満	500円
3000円以上 ～ 5000円未満	700円
5000円以上 ～ 7000円未満	1000円

※7000円以上は省略

小型株集中投資
売り・買いの考え方

ここからは実際に
株を売買するときの
考え方です

問題と選択肢を
照らし合わせながら
考えてみましょう！

Q33 会社情報をどう分析する？

次の会社情報をみたときの考え方として、ふさわしくないものを1つ選んでください

M＆A総合研究所（現・M＆A総研ホールディングス）【9552】

2022年12月16日更新

銘柄名（かな）	えむあんどえーそうごうけんきゅうじょ
決算	9月
設立	2018.10
上場	2022.6
特色	M＆A仲介が柱。売り手企業は着手金など無料の完全成功報酬制。独自のマッチングシステム
単独事業	M＆A仲介100(65)、他0(49) <22・9>
業種コード	9050
業種名	サービス業
上振れ	M＆A仲介が事業承継需要の強さを背景に絶好調。成約件数は会社想定超。好採算の大型案件も増える。期末アドバイザー数130人計画（前期末74人）からさらに上積みも。費用増でも営業益上振れ。
案件豊富	株式上場効果もあり前期末の受託件数残高は382(21年9月末139)まで増加。足元の新規受注も好調。当面は配当見送りだが、株高で株式分割検討。
本社	100-0005東京都千代田区丸の内1-8-1丸の内トラストタワーN館
電話番号	TEL03-6455-5875
従業員	【オフィス】大阪、名古屋
従業員	<22.9> 110名(29.7歳)[年]786万円
業種	他産業サービス・製品 時価総額順位 26/272社
証券	[上]東京(G)[幹](主)野村(副)SBI,大和,みずほ,日興,三菱Uモル,楽天,松井,マネックス,岩井コスモ,東海東京,東洋[名]三菱U信[監]PwC京都
銀行	三井住友,みずほ,商中,GMOあおぞら,三菱U信
URL	https://masouken.com/
株式	10/31 19,188千株 時価総額 1,427億円
仕入先	―
販売先	―
総還元性向	0.0%（3期平均0.0%）【増減配回数】増0 減0 据0 無2
四半期進捗率	3期平均-%　今期-%（-pt）
比較会社	2127 日本M&A,6080 M&ACP,6196 ストライク

❶アドバイザーを74人から130人に増やす計画は事業が順調に拡大している証拠

❷売上高の100％がM&A仲介とリスクが高そうなので投資は避けたほうが無難

❸平均年齢29.7歳と若いのは経験不足によるトラブルのリスクを考慮したほうがいい

❹時価総額1400億円超と会社の規模が大きくなっているから伸びしろは小さそう

ヒント☞「投資家はどのような視点で会社情報を読みとるか」を考えてみましょう

<table>
<tr><td>

正 解

❷

</td></tr>
</table>

解 説

　小型株集中投資と同じように、会社の経営も「選択」と「集中」が大事なポイントです。この設問の選択肢ごとに、具体的にみていきましょう。

　①人員が拡大基調にあるというのは、事業が順調に拡大しているとシンプルに考えていいでしょう。

　②大企業であれば、さまざまな事業に売上高を分散させて、経営の安定を図るべきです。しかし、この会社のように創業して5年程度、上場して間もない小規模な会社であれば、**複数の事業にリソースを分散するより、得意事業1本に全リソースを集中させたほうが、事業は成長しやすいです。**

　もとより小型株集中投資は、これから大きく成長する会社に投資をすることが基本です。そのため、売上高の100％がM&A仲介というのは、投資対象として好評価になります。

　③経験不足ゆえのトラブルは、リスクとして頭の片隅に入れておいたほうがいいとはいえ、急成長する会社は平均年齢が若い傾向があります。平均年齢が20代と若い会社は、なにより経営判断が早く勢いのあるケースが多いです。

　④**小型株集中投資では、この会社のように基本的に時価総額1000億円を超えている会社は投資対象外です。**なぜなら、どうしても成長スピードが遅くなってしまうからです。もし、この会社の時価総額が300億円程度であれば、かなり有望な投資対象になります。しかし、現時点では時価総額が大きすぎるため、投資の期待リターンも減り、リスクに対してうま味のある投資にならない可能性が高いでしょう。

POINT いい会社でも時価総額1000億円以上の会社は投資対象外

Q 34 「業績」と「大株主」から成長株を どう探す？

次の会社情報をみたときの考え方として、ふさわしくないものを1つ選んでください

M&A総合研究所（現・M&A総研ホールディングス）【9552】

単位：百万円   2022年12月16日更新

【業績】	売上高	営業利益	経常利益	純利益	1株益（円）	1株配（円）	【配当】	配当金（円）
単20.9*	376	3	3	4	0.2	0	20.9	0
単21.9*	1,328	563	557	368	19.9	0	21.9	0
単22.9	3,911	2,103	2,082	1,326	71.3	0	22.9	0
単23.9予	7,200	3,800	3,800	2,600	135.5	0	23.9予	0
単24.9予	9,800	5,100	5,100	3,500	182.4	0	予想配当	—%
単21.10〜3	1,752	1,066	1,059	727	39.4	0	利回	
単22.10〜3予	3,500	1,800	1,800	1,200	62.5	0	BPS（円）<単22.9>	
会23.9予	6,700	3,150	3,147	2,108	—	(22.10.28)	152.9	(19.8)

【株主】[単]5名<22.3> 万株	
株主名	持株数・持株比率（%）
佐上峻作	1,532(82.9)
SMBC信託銀行特定金外信託	198(10.7)
Reo Asset M.1号投資事業有限責任組合	105 (5.6)
梅田裕真	9(0.5)
松本恭攝	2(0.1)
<外国>0.0%	<浮動株> 0.0%
<投信> 0.0%	<特定株> 100%

❶ 2020〜22年の2年間で売上高が毎年3倍ほどに急成長し続けているとんでもない有望企業だ

❷ 直近の営業利益は売上高の半分以上と、かなり付加価値の高い事業を展開している

❸ 全株式の82.9％を保有する圧倒的大株主「佐上峻作」という人物を調べておこう

❹ 2023・24年の予想売上高の成長率が落ちているのは、きっとビジネスがうまくいっていないからだろう

> **ヒント** 業績の推移と大株主の名簿から、どのように情報を読みとるかを考えてみましょう

解説

　業績の推移と株主名簿から得られる情報はたくさんあります。

　①直近2年間で売上高が毎年ほぼ3倍ずつ成長しているというのは、すさまじい勢いで事業が急拡大している証拠です。ただし、この急成長がいつまでも続くわけがなく、いずれは成長度合いが鈍化してきます。

　②売上高の半分以上が営業利益として残るということから、利益率が相当高いビジネスを展開していることがわかります。少なくとも、上場企業のなかでは、かなり業種が絞られます。

　高い付加価値を提供していなければ、この利益率は実現しないということです。それだけでも、特別な会社だといえます。

　③**大株主の名簿は、必ずチェックするようにしましょう。**「会社名」「大株主」でネット検索すると、すぐに出てくるはずです。上場したばかりの小型株の場合、創業者である現社長が、筆頭株主（その会社で一番多くの株を持っている人）である確率が高いです。社長が筆頭株主のほうが投資家に向けて責任ある経営を期待できます。「会社名」「社長名」でネット検索して、**社長の経営ビジョンなどをチェックし、投資する価値のある会社かどうかの判断材料にしましょう。**

　④予想売上高の成長率が落ちているのは、ビジネスがうまくいっていないからだと決めつけるのは、まだ早いと思います。売上高が倍々ゲームで増えていけば、その後で成長率が多少落ちてしまうのは仕方のないことです。

　また、翌年以降の業績予想の数字は、あくまでも"現時点での予想値"にすぎません。ここから上振れすることも下振れすることもあります。

　そもそも**業績予想は、会社のスタンスによって、強気に予想する会社もあれば、かなり保守的に予想する会社もあります。**確定した数字ではないということを考慮しましょう。

損益計算書の「5つの利益」

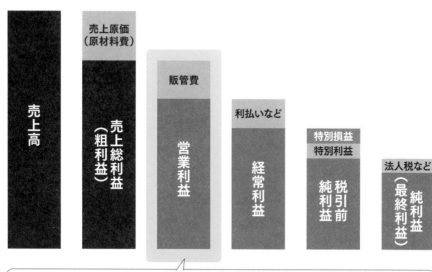

高い営業利益を残せている会社は、高い付加価値を提供していると判断できる

こちらの会社さん、なかなか儲かってまんなぁ

POINT　業績予想は会社のスタンスによって強気にも弱気にも出る

大株主をどうみるか？

次の会社情報をみたときの考え方として、ふさわしくないものを1つ選んでください

セルソース【4880】

2022年12月16日更新

銘柄名（かな）	せるそーす
決算	10月
設立	**2015.11**
上場	2019.10
特色	脂肪・血液由来の細胞の加工受託など**再生医療**、化粧品開発・販売などコンシューマー事業展開
単独事業	加工受託サービス63、コンサルティングサービス11、医療機器販売22、化粧品販売他5 <21・10>
業種コード	3250
業種名	医薬品
快走	23年10月期は提携機関拡大で主力のひざ疾患治療向け細胞加工の受託件数が好調。不妊治療向け血液由来加工も高水準。化粧品販売が大幅増。医療機器も堅調。人件費、業務委託費大幅増でも営業益続伸。
化粧品	ユーチューバーとコラボのヒト脂肪由来間葉系細胞エクソソーム配合スキンケア第2弾を発売。女子プロサッカーINAC神戸とメディカルパートナー契約。
本社	150-0002東京都渋谷区渋谷1-19-5
電話番号	TEL03-6455-5308
	【再生医療センター】東京都渋谷区渋谷1-17-2 TOKYU REIT渋谷宮下公園ビル
従業員	<22.7> 107名(36.2歳)[年]593万円
業種	ヘルスケア製品・サービス 時価総額順位 28/133社
証券	[上]東京(G)[幹](主)みずほ(副)野村,日興,三菱Uモル,ＳＢＩ[名]みずほ信[監]ＥＹ新日本
銀行	みずほ,三菱U
URL	https://www.cellsource.co.jp/
株式	10/31 18,685千株 時価総額 934億円
仕入先	Medikan
販売先	活寿会
総還元性向	0.0%(3期平均0.0％)【増減配回数】増0　減0　据0　無4
四半期進捗率	3期平均66.2%　今期70.2%（＋4.0ｐt）
比較会社	7776 セルシード, 7774 J-TEC, 4978 リプロセル

セルソース【4880】

単位：百万円

【業績】	売上高	営業利益	経常利益	純利益	1株益(円)	1株配(円)	【配当】	配当金(円)
単19.10*	1,611	326	303	199	15.3	0	17.10	0
単20.10*	1,855	415	412	274	15.2	0	18.10	0
単21.10*	2,922	992	1,006	651	35.2	0	19.10	0
単22.10予	4,050	1,340	1,340	830	44.4	0	20.10	0
単23.10予	4,560	1,690	1,690	1,100	58.9	0	21.10	0
単21.11～4	1,697	490	495	308	16.5	0	22.10予	0
単22.11～4予	1,950	580	580	390	20.9	0	23.10予	0
単20.11～7*	2,104	678	691	428	23.1		予想配当利回	—%
単21.11～7*	2,872	938	946	589	31.6		BPS(円)<単22.7>	
会22.10予	4,050	1,336	1,344	833	-	(22.8.31)	177.2	(145.1)

【株主】[単]7,495名<22.4>万株	
株主名	持株数・持株比率(%)
山川雅之	860(46.1)
裙本理人	237(12.7)
シリアルインキュベート(株)	190(10.1)
日本カストディ信託口	47 (2.5)
日本マスター信託口	38 (2.0)
野村信託銀行投信口	16 (0.8)
日本カストディ証券投資信託口	16 (0.8)
ノーザン・トラスト(AVFC)IEDU・UCITS・NL15PCT	10(0.5)
BNY・GCMクライアントJPRD・ISG・FEAC	7 (0.4)
ノーザン・トラスト(AVFC)NTガンジーAIF	7 (0.4)
<外国> 3.4%	<浮動株> 14.6%
<投信> 5.1%	<特定株> 77.0%

❶「再生医療」という聞き慣れない単語が出てきたので、きちんと調べよう

❷株主名簿に機関投資家（金融・投資機関）が名を連ねているので、近い将来売られて株価が下がりそうだ

❸筆頭株主「山川雅之」だけでなく、2番目の「裙本理人」がどんな人物かを調べよう

❹2015年創業の若い会社なので、上場までの経緯をきちんと調べよう

> **ヒント**👆 再生医療事業を展開している会社を例に、会社情報で着目すべきポイントを考えてみましょう

正解

❷

解 説

①のように、事業内容を読んで、よく知らない単語が出てきた場合は、しっかりと調べましょう。**事業内容を知らずに投資するなど、あってはならないことです。**

②の「機関投資家」というのは、生命保険会社・損害保険会社・銀行・年金基金・政府系金融機関・ベンチャーキャピタルなど、個人投資家とは比べものにならないほど巨額の資金を株式や債券で運用している大口投資家のことをいいます。

そのため、機関投資家と聞くと、「大量に売買しそうだ」「個人投資家には太刀打ちできない」というイメージが強くなりがちです。

ところが、大株主の名簿に機関投資家が名を連ねているからといって、「近い将来、大量に売られて株価が下がりそうだ」と考えるのは少し早計だと思います。

機関投資家にも、短期的に大きな値上がり益を得ることを目指す投資会社（投資ファンド）もあれば、公的年金を運用する年金積立金管理運用独立行政法人（GPIF）のように中長期的な保有を目指すケースもあります。大株主の機関投資家がどういった目的や思惑で株を保有しているかを考えるといいでしょう。

③を実際に調べてみると、筆頭株主「山川雅之」は同社取締役で、2番目の大株主「裙本理人」が社長です。

それにしても、なぜ社長よりも取締役が3.6倍以上の株式数を保有しているのか？　ここでは詳（つまび）らかにしませんが、そうした情報も④の会社の変遷（へんせん）とからめて、調べてみるといいでしょう。

POINT ▶ 大株主の構成は必ずチェックしておく

Q36 「板」の情報をどう読みとるか？

次の会社情報をみたときの考え方として、ふさわしくないものを1つ選んでください

クリアル【2998】

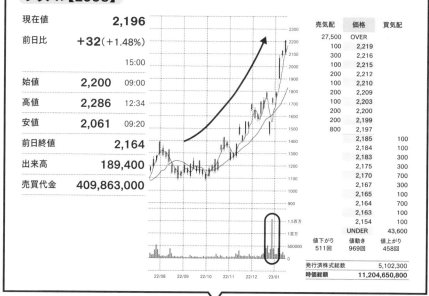

現在値	2,196
前日比	+32（+1.48%）
	15:00
始値	2,200　09:00
高値	2,286　12:34
安値	2,061　09:20
前日終値	2,164
出来高	189,400
売買代金	409,863,000

売気配	価格	買気配
27,500	OVER	
100	2,219	
300	2,216	
100	2,215	
200	2,212	
100	2,210	
200	2,209	
100	2,203	
200	2,200	
200	2,199	
800	2,197	
	2,185	100
	2,184	100
	2,183	300
	2,175	300
	2,170	700
	2,167	300
	2,165	100
	2,164	700
	2,163	100
	2,154	100
	UNDER	43,600

値下がり	値動き	値上がり
511回	969回	458回

発行済株式総数	5,102,300
時価総額	11,204,650,800

❶ 時価総額112億円と、まだまだ成長余力があって投資対象になりそう

❷ 株価チャートが右肩上がりで年初来高値も更新し続けているので上昇トレンドと判断してよい

❸ 2022年12月末に出来高が急増しているが、なにがあったのかは必ずチェック

❹ この板をみる限り、仮に1000万円ほど投資をしたとしても価格変動のリスクは低そうだ

ヒント 👆 株価チャート、時価総額、板から、どんな情報を拾って、どのように判断すればいいか考えてみましょう

解 説

①時価総額112億円という小型株であれば、市場規模がよほど小さな"ニッチ業界"でビジネスを展開しているのでなければ、まだまだ成長余力があると考えて問題ないでしょう。

クリアル（2998）は「不動産業」、さらにいうと「不動産投資」のクラウドファンディングをメイン事業にしている会社ですが、不動産投資の市場規模（収益不動産の資産規模）は約275兆5000億円もあります（2022年のニッセイ基礎研究所と価値総合研究所の共同調査より）から、伸びしろはふんだんに残されています。

②株価チャートをみると、途中で一時ガクンと下げたタイミングもありますが、すぐに値を戻しているので、全体的には上昇トレンドが続いているといってもいいでしょう。

上昇トレンドが崩れるということは、一度株価を下げたら、なかなかもとに戻らないか、戻るまで長い期間を要します。

③出来高の棒グラフをみると、急増した日（2022年12月28日）があります。この日（もしくは前日）に、なにがあったのかは、投資判断をする際には必ず調べましょう。同様に、出来高増加をともなって株価が急騰（もしくは急落）した日があれば、株価急変動の要因を必ず調べるようにしましょう。

自社サイトのIR情報や「みんかぶ」「株探」「Yahoo! ファイナンス」などの株式投資の情報サイト、それに東京証券取引所が提供する適時開示情報伝達システム「TDnet」で、「会社名」「日付」で検索すれば、たいていなにかしらのニュースにたどりつけます。

ちなみに、このときは、2023年3月期利益予想の上方修正が注目され、一気に出来高が増えるとともに株価が急騰。上場初日の2022年4月28日につけていた最高値を更新しました。

④の「板」について、詳しくない方もいるかと思いますので、ここで

説明しておきましょう。

「売り」と「買い」の指値（＝希望する売買価格→買いは上限価格、売りは下限価格）を「気配値」といいますが、この気配値の売買注文状況を並べたものを「板」といいます。

この板をみる限り、売りも買いも注文数が少ない"薄い板（活発に売買されていない状態）"となっていることがわかります。

このときは１株約2196円なので、単元株（売買単位＝100株）で最低投資金額として約22万円が必要になります。

板に並んでいる「買気配（指値の買い注文数）」をみると、上から順に100株、100株、300株、300株、700株とあります。

これを金額に換算すると、上から順に約22万円、約22万円、約66万円、約66万円、約154万円となります。

つまり、この板をみる限り、仮に1000万円を投資すると、価格変動のリスクが非常に高く、自分の売買で株価が大きく変動してしまう可能性が高いと考えられます。

売気配	価格	買気配
27,500	OVER	
100	2,219	
300	2,216	
100	2,215	
200	2,212	
100	2,210	
200	2,209	
100	2,203	
200	2,200	
200	2,199	
800	2,197	
	2,185	100
	2,184	100
	2,183	300
	2,175	300
	2,170	700
	2,167	300
	2,165	100
	2,164	700
	2,163	100
	2,154	100
	UNDER	43,600

値下がり	値動き	値上がり
511回	969回	458回

発行済株式総数	5,102,300
時価総額	11,204,650,800

POINT 〉 **売買するときは念のため「板」情報もチェック**

Q 37 「株価」と「出来高」の関係を どうみるか?

次の会社情報をみたときの考え方として、ふさわしくないものを1つ選んでください

モリト【9837】

現在値	**955**	
前日比	**−9**（−0.93%）	
		10:42
始値	**951**	09:00
高値	**968**	09:24
安値	**945**	09:00
前日終値	**964**	
出来高	**348,400**	
売買代金	**332,600,000**	

売気配	価格	買気配
154,600	OVER	
17,900	965	
2,400	964	
2,500	963	
4,500	962	
3,100	961	
1,700	960	
1,100	959	
600	958	
600	957	
400	956	
	955	400
	954	900
	953	1,200
	952	1,500
	951	1,500
	950	18,800
	949	1,200
	948	1,400
	947	2,900
	946	4,200
	UNDER	190,800

値下がり	値動き	値上がり
350回	674回	324回

発行済株式総数	30,000,000
時価総額	28,650,000,000

❶ 時価総額286億円と、そこまで小型株ではないが、投資対象には収まる範囲だ

❷ 出来高増加をともなって株価が急騰したので、このタイミングで買わないほうがいい

❸ 出来高が急増したとき、なにがあったかチェックしたほうがよさそう

❹ この板をみる限り、仮に100万円を投資しても価格変動リスクは低そう

ヒント 株価が急上昇した銘柄をみつけたとき、どのように考えるべきかを学びましょう

正解

②

解 説

①時価総額300億円を上限の目安にする小型株集中投資としては、時価総額286億円というのは少し大きな部類に入りますが、まだ投資していい水準ではあります。

時価総額1000億円を超えたくらいで利益確定することを前提にすると、株価上昇を狙えても、現在の水準から3倍程度が目安となります。

②株価が急騰したので、このタイミングで購入するのは、急落リスクも高いように感じて、様子見しようと思うかもしれません。しかし、業績が中長期的にしっかりと伸びている会社であれば、グズグズしていた株価がポンと跳ねた、この形のチャートは絶好の買いタイミングになります。この時点で、モリトは通期ベースで3期連続増収増益です。

③出来高の急増とともに、株価が急騰。このタイミング（2023年1月16・17日）でなにがあったのかは、必ず調べるようにしましょう。

実際に調べてみると、1月16日（月）はストップ高となり、東証プライムの株価上昇率トップでした。きっかけは、1月13日（金）の取引終了後、2023年11月期通期の連結業績予想を発表したこと。**営業利益の見通しを前期比8.6％増の23億円、年間配当計画を前期比22円増配の54円としたことから、ストップ高につながりました。**

④株価955円と、単元株が約10万円（＝最低購入価格）です。

板の「買気配（指値の買い注文）」を見ると、上から順に400株、900株、1200株、1500株。金額換算すると、約40万円、約90万円、約120万円、約150万円となります。現時点では100万円（10単元）の買い注文を出しても、その注文によって株価が大きく変動してしまうリスクは低いと考えられます。

POINT **株価が急上昇したからといって、すべてに急落するリスクがあるとは限らない**

Q38 「決算またぎ」の判断はどうする？

保有株を決算発表前に売るかどうかの考え方として、適切でないものを1つ選んでください

❶ 2週間前に買ったばかりの株が、決算前に株価を5％ほど下げてしまった。時価総額100億円程度で、長い目でみても、まだ成長すると判断できるので、このまま保有し続けよう

❷ 半年前に買った株が、あっという間に3倍に。半年前の目標は1年後に時価総額1000億円で、現在は時価総額800億円。そろそろ成長のピークに近づいてきた気もするが、目標まで少し足りないので、このまま保有し続けよう

❸ 2週間前に買ったばかりの株が、好決算への期待感からあっという間に1.5倍に。時価総額500億円程度で、まだ成長余力はありそうだが、好決算への期待が少しでも外れると株価が急落する可能性もあるので、決算前に売ってしまおう

❹ 半年前に買った株が決算発表前に株価を10％程度下げてしまった。決算内容が悪いのではないかと警戒され、大きく売られてしまったようだ。時価総額300億円と、まだ成長余力はありそうだし、業績が急激に落ち込むような材料も見当たらないので、このまま保有し続けよう

ヒント 株を売るタイミングの判断は、投資戦略全体の「進ちょく率」によって変わります。想定より短い期間で上昇してしまった場合は、ある程度早めに売ってしまっても問題ないでしょう

正 解	解 説

❷

①決算前に限らず５％程度の株価変動はよくあることです。時価総額100億円前後で、今後の成長を見込んで投資したばかりのタイミングならば、保有し続けても問題ないでしょう。

②目標とする時価総額まであと200億円足りないので保有し続けるという判断は、一見すると正しいようにも思えます。しかし、たった半年で株価３倍に成長したのであれば、すでに想定以上のリターンを得ているともいえます。

目標とする時価総額1000億円に対して、800億円まできたということは、すでに進ちょく率80％達成のレベルです。

事業もそろそろ成長のピークにきていると感じるのであれば、リスクを背負ってまで残り20％の成長を狙いにいく必要はありません。

少し早めに利益確定して、その資金をまた別の成長株に投資するほうがいいでしょう。

③のように、決算発表前にもかかわらず、単なる期待感から株価が急上昇したときは注意が必要です。

このように期待感が高まった状態で決算発表を迎えると、多少よい決算を発表しても、逆に株価が下落することもあります。

この場合は、無理にリスクを負って決算発表をまたぐようなことはせず、売ってしまってもいいでしょう。

④は、決算発表前にもかかわらず、業績悪化を警戒して株価が急落したときの考え方です。

多くの投資家が業績悪化を警戒しているのですから、決算前に売ったほうがいいように思うかもしれません。

しかし、実際のところ、決算発表前に警戒感から売られて下落した株は、多少悪い決算を発表しても、思ったほど株価が下がらない、もしくは逆に株価が上がることさえあります。

なぜなら、**決算発表前にたくさん売られたことによって、決算発表後の"売り圧力"が減る**からです。

決算発表前に実態のない臆測で急落した場合は、逆にそのまま保有し続けてもいいでしょう。

➡ 決算発表をまたいでもち越すケース
- 投資したばかりのタイミング
- ほかの投資家からの注目度が低い銘柄
- 会社の成長余力がまだまだありそうなとき
- 決算前にもかかわらず株価が動かない銘柄
- あまり注目されていないけれど、たぶん決算内容がいい

➡ 決算発表前に売るケース
- 会社の伸びしろ自体があまりなさそうなとき
- そろそろ売ってもいいかな、と思っているとき
- 決算前に期待で買われて株価が上がったとき
- 決算がみんなの期待を超えられそうにないとき

POINT ! 決算発表前の市場の期待感や警戒感による株価変動は冷静に判断すべし

決算後の保有株の売り時とは？

保有株を決算発表後に
売るかどうかの考え方として、
適切でないものを
1つ選んでください

その会社の業績が
まだ伸びると思うなら
売らずに持っておくのが基本！

❶ 2週間前に買ったばかりの株が増収減益の決算発表後、株価を10％ほど下げてしまった。減益の要因は、オフィス移転や人材確保でコスト増加になったこと。時価総額100億円程度と成長余力はありそうなので保有し続けよう

❷ 半年前に買った株が決算発表後、株価を10％ほど下げてしまった。決算は決して悪くはないが、業績の伸び率は明らかに鈍化している。時価総額500億円程度なのに、伸び率が鈍化してきた株を保有するより、もっと伸びしろが大きい投資先に乗り換えるため、売却してしまおう

❸ 2週間前に買ったばかりの株が決算発表後、株価を10％ほど上げた。業績は伸びているものの、市場規模を考えるとそろそろ頭打ちになりそう。時価総額800億円を超えて、目標にしていた時価総額1000億円に近づきつつあるので、このあたりで売ってしまおう

❹ 半年前に買った株が決算発表後、急騰してストップ高に。買ったときの目標は1年後に時価総額1000億円だったが、今回のストップ高で目標を上回った。ストップ高のうちに可能な限り早く株を売って利益確定しよう

ヒント まだまだこれから大きく成長しそうな株（上昇している最中の株）は、基本的には保有継続がおすすめです

解 説

①増収減益の決算発表で株価が下がるケースはよくあります。事業が拡大して売上高は増えても、利益が減っていることが嫌われて株価が下がるわけです。

多くの個人投資家は、「減益」という部分だけをみて、株を売ってしまいがちですが、もう一歩踏み込んで考えてみたほうがいいです。**ポイントは、なぜ利益が減ったのか？** 本業がうまくいっていないから利益が減ったのか？ それとも、儲けた利益を近い将来の収益のために先行投資したからなのか？ 本業がうまくいっておらず、根本的に利益を出せない体質になったのであれば、すぐに売ったほうがいいでしょう。

一方、本業は利益を出せる良好な体質で、いまは将来の事業拡大のために先行投資しているのであれば、今後大きく化ける可能性があります。長期的に保有するという前提であれば、保有し続けて問題ないでしょう。

②のように、業績の伸び率が明らかに鈍化し、決算発表後に株価が下落した場合は、売ったほうが無難です。**もっと成長余力がありそうな株に、お金を移動するために売るという判断が合理的といえます。**

③は、とてもシンプルにいうと、値上がりしている株は上がり続ける傾向が強いです。そのため、決算発表後に株価が上がった場合は、基本的に保有し続けたほうがいいです。

ところが、このケースでは市場規模が頭打ちになりそうで、なおかつ時価総額800億円と当初目標に対して進ちょく率80％まできています。119ページでも同じようなケースがありましたが、これも利益確定するという判断で問題ないでしょう。

④は、決算発表後に株価がストップ高になったときの考え方です。基本的には、株価が上がっている最中は、保有し続けることをおすすめします。

目標とする時価総額1000億円を超えたので、すぐにでも利益確定し

たほうがよいと思うかもしれません。しかし、**相場が盛り上がっている最中は、保有し続けたほうが、より利益を伸ばしやすいです。**

　ストップ高は相場が盛り上がっている真っ最中ということ。この株に注目していなかった投資家も寄ってきます。こうして本来の実力以上の株価をつけることがよくあるのです。

　ストップ高になった株は売り急がず、冷静に売るタイミングを計るといいでしょう。そのためには、短期売買のトレードをする感覚で、株価チャートをチェックしながら売るタイミングを判断します。

　5分間で区切るのを「5分足」、10分間で区切るのを「10分足」、1日で区切るのを「日足」といいます。短い間隔の分足までは追わなくてもよいですが、日足を追って「チャートが崩れてきたな」と思ったらそのタイミングで売ってしまいましょう。

　逆に絶対にやってはいけないのが、実力以上に株価が急騰し、反落して株価チャートが崩れても、その株を保有し続けること。株価チャートが崩れたと思ったら、すぐに逃げましょう。

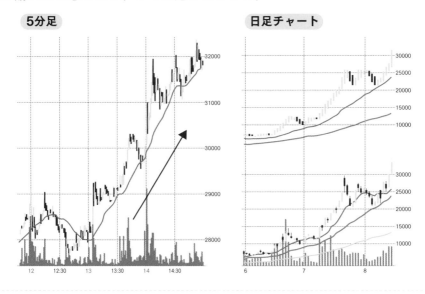

POINT　**ストップ高になった銘柄は慌てず、売るタイミングを判断する**

Q40 "自分の売り買い"が株価にどう影響を与えるか?

いろいろと調べた結果、次の会社に1000万円投資するという結論に至りました。実際に株を買う前に考慮することとして、ふさわしくないものを1つ選んでください

現在値	**839**	
前日比	**−11**（−1.29%）	
		15:00
始値	**826**	09:03
高値	**849**	09:37
安値	**825**	09:03
前日終値	**850**	
出来高	**39,000**	
売買代金	**32,668,000**	

売気配	価格	買気配
40,900	OVER	
600	855	
200	853	
1,000	852	
1,000	851	
1,600	850	
700	849	
1,300	848	
200	847	
500	846	
200	845	
	838	100
	835	300
	833	300
	832	300
	830	600
	828	100
	826	400
	825	400
	821	100
	820	1,400
	UNDER	40,200

値下がり	値動き	値上がり
74回	157回	83回

発行済株式総数	23,292,040
時価総額	19,542,021,560

05/30 06/13 06/27 07/11 07/25 08/08 08/22

❶ 1000万円投資するには板が薄すぎるので、複数回に分けて買うべきだ

❷ 板をみると注文数が少ないので、投資金額を減らしたほうが無難だ

❸ 板が薄いので、1000万円分の成行買い注文を入れるのが無難だ

❹ 1000万円投資したあと、自分の売りで株価が下がるリスクがある

ヒント ある程度まとまった金額を小型株に投資する際、買い方1つで損益が変わることがあります

解 説

　あえて1000万円という、個人投資家にとってはかなり大きな金額を投資する場合を想定してみましょう。より上のステージの投資を考えることは、投資家としての考え方の幅を広げてくれるからです。

「板が薄い」というのは、投資家に人気がなく、指値注文が少ない状態。**人気がない銘柄は、ちょっとした金額の買い注文で大きく値上がりして、ちょっとした金額の売り注文で大きく値下がりします。**

　板が薄いので、こうした銘柄に1000万円を投資するときは、複数回に分けて買わないと、自分の買いで株価が急上昇してしまい、思わぬ高値で株を買うことになります。

　具体的には、500～1000株単位に分けて指値注文を入れるか、板をみながら500～1000株単位で成行買いを入れていくといいでしょう。

　場合によっては、複数の日にまたがって、買い注文を入れていく必要があります。

　保有株を売るときも同様で、板が薄いのにまとまった売り注文を入れると、自分の売りで株価が急落してしまうリスクがあります。

　将来的に保有株が盛り上がってきて、出来高が増えてくれば問題ありませんが、いまと同じ水準の出来高だと、まとまった金額の売りが気軽にできない可能性を考慮しなければいけません。

　場合によっては、投資金額を減らしたほうが、よりフットワークの軽い投資につながります。

POINT ＞ まとまった資金を投資するときは板から流動性リスクを探る

Q41 「時価総額」と「業界」の バランスをどうみるか？

住宅メーカーが今後伸びていくと考えて、いろいろと調べた結果、次の4社が投資先の候補として残りました。この4社から投資先を絞る考え方として、最もふさわしくないものを1つ選んでください

A社

| 時価総額 | 2兆4800億円 | 売上高 | 4兆1000億円 | 営業利益 | 3700億円 |

B社

| 時価総額 | 560億円 | 売上高 | 1800億円 | 営業利益 | 73億円 |

C社

| 時価総額 | 492億円 | 売上高 | 4000億円 | 営業利益 | 84億円 |

D社

| 時価総額 | 59億円 | 売上高 | 66億円 | 営業利益 | 5億円 |

❶ A社は売上高・営業利益が大きく一般的な知名度も高いが、すでに時価総額が2兆円超と今後の大幅な成長はあまり期待できない

❷ B社はC社と時価総額が同じレベルだが、半分以下の売上高で同程度の営業利益を上げており、より効率的な経営をしていると考えられる

❸ C社は売上高に対する利益水準が低いため、儲からない体制である可能性が高く、投資するべきではないと考えられる

❹ D社は時価総額が小さい割に、ほかの3社に比べて利益率が高いため、投資をしたときの伸びしろという点では一番魅力的だと考えられる

ヒント🖐 どちらか1つに投資先を絞るときには、時価総額だけでなく市場規模もその会社の伸びしろを測る重要なモノサシになります

正解

❸

解説

同じ業界で似たようなビジネスを展開しているのであれば、基本的には時価総額の小さい会社のほうが、伸びしろはあると考えられます。

①は**時価総額が2兆円を超えているので、この時点で投資対象から外してしまっても問題ないでしょう。**こうした大手企業と比較することは、市場占有率や業界自体の伸びしろを測るモノサシとしては有効です。

②は時価総額がほぼ同じレベルのC社と比べて、売上高が半分以下にもかかわらず、同じレベルの営業利益をあげています。より効率のよい経営ができており、より付加価値の高い事業を展開できていると考えられます。

③は売上高に対する利益率が低いのですが、これだけで儲からない会社と決めてしまうのはもったいないです。成長途中にある会社では、将来の業績向上のため、目の前の利益を先行投資することがよくあります。

利益率が低いから儲からないと判断するのではなく、**もう一歩踏み込んで「なぜ利益率が低いのか」をチェックしてから判断するべきです。**

④はこの中では桁違いで時価総額も売上高も小さな会社です。住宅メーカーの市場規模はかなり大きいこともあり、まだ一般的な認知度は高くないと考えられます。だからこそ伸びしろがふんだんに残されており、今後大きく成長する可能性を秘めているともいえます。

時価総額が小さいだけで投資判断はできませんが、とても重要なポイントの1つになります。この設問は実際の住宅メーカーの業績（2019年時点）をベースにしており、④はLib Work（1431）です。同社はその後、1年ほどで時価総額300億円近くまで株価を大きく伸ばしています。

 POINT　　市場規模と時価総額を比較すると成長余力を概算できる

Q42 まとまった資金を投資するときに注意することは？

次の2つの板について最も適切な説明をしているものを1つ選んでください

板A

売気配	価格	買気配
116,000	OVER	
1,500	4,555	
3,800	4,550	
14,700	4,545	
6,000	4,540	
7,500	4,535	
12,900	4,530	
5,700	4,525	
8,300	4,520	
7,700	4,515	
4,000	4,510	
	4,505	900
	4,500	8,100
	4,495	5,400
	4,490	6,200
	4,485	5,000
	4,480	9,500
	4,475	11,200
	4,470	4,700
	4,465	9,600
	4,460	4,200
	UNDER	78,600

板B

売気配	価格	買気配
6,000	OVER	
400	1,535	
100	1,533	
200	1,530	
100	1,527	
200	1,526	
200	1,525	
100	1,524	
300	1,522	
300	1,519	
300	1,518	
	1,509	100
	1,498	300
	1,497	100
	1,493	200
	1,490	200
	1,488	100
	1,486	100
	1,480	100
	1,480	400
	1,475	100
	UNDER	9,600

❶ 板Aで1000万円の成行買いをすると自分の買いで株価が大きく上がってしまう

❷ 板Aで3000万円の成行売りをすると自分の買いで株価が大きく下がってしまう

❸ 板Bで1000万円の成行買いをすると株価は1530円を超える

❹ 板Bで3000万円の成行売りをするとストップ安になる可能性がある

ヒント 🖐 板をみることで、その株がどれだけ多く取引されているかを把握することができます。株を買うときは必ず板をみて買うようにしましょう

正解

④

解　説

　一般の個人投資家にとって１銘柄に3000万円を投資するというのは、ほぼあり得ないことだと思いますが、板をみながら成行注文を入れるときの考え方を学ぶために、**あえて3000万円を投資した場合のことを考えてみましょう。**

　板Ｂで、仮に3000万円の成行売りをすると、高い確率でストップ安（103ページ参照）になります。

　板Ａは売り買いともに多くの指値注文が入っているため、多少まとまった金額の成行売買を入れても、その注文によって大きく株価が変動することはありません。

　一方、板Ｂは指値注文が少なく、まとまった金額の成行の売買で株価が大きく変動してしまいます。

　3000万円の成行売り注文を消化するためには、株価1500円で２万株ほどの買い注文が必要です。

　しかし、板をみる限り、すべての指値買い注文を足し合わせても２万株には届きません。

　そのため、板Ｂで3000万円の成行売り注文を入れてしまうと、新たな買い注文が入らなければ自分自身の売り注文で株価はストップ安になってしまいます。

　もし同じタイミングで3000万円分の成行買い注文が入れば、理論上はストップ安にならずに売買が成立しますが、現在の板から判断すると、まずそういうことは、まず起こらないでしょう。

POINT

　投資家として成長し、まとまったお金を投資するときは板情報で自分の影響力をはかる

Q43 同業種の有望株、どちらを優先するか？

医療従事者向け情報サイトを運営する会社への投資を検討、2社が残りました。どちらか1社に絞るとしたら、ふさわしい投資判断を1つ選んでください

A社

時価総額	81億円
売上高	20億円
純利益	2億円

B社（業界最大手）

時価総額	1兆3441億円
売上高	994億円
純利益	195億円

❶ A社（株価100倍になる可能性を感じる）

❷ A社（株価10倍になる可能性を感じる）

❸ B社（売上高と純利益が大きいので安心して投資できる）

❹ B社（時価総額が大きいので安心して投資できる）

ヒント 同じ業界で投資先候補が2社残り、どちらか1社に投資先を絞ろうとする際、時価総額、売上高、利益をどのようにとらえるべきか考えてみましょう

解 説

　同じ業界であれば、やはり時価総額が小さな会社のほうが伸びしろがあります。

　Ａ社は同じ業界の最大手であるＢ社に比べて、時価総額や純利益の規模が100分の１。Ａ社がグングン成長して、いずれ業界最大手Ｂ社と肩を並べたり追い越したりする可能性もゼロではありません。

　しかし、100倍の差のある業界最大手に勝つには、よほど特別な強みがないと難しいのが現実です。

　一方、**業界最大手Ｂ社の市場占有率（シェア）を10％でも奪うことができたら、それだけでＡ社の純利益は10倍になり、時価総額も10倍になることが期待できます。**

　そして、シェア10％を奪うのは、現実的に考えても実現可能な範囲といえるでしょう。

　業界最大手と肩を並べるのは難しくても、シェアの10％を奪うのはできるだろう、ということで「10倍になる可能性を感じる」を正解としました。

　また、今回の問題では市場規模の大きい医療関係の銘柄を例に出しましたが、**実際に投資をするときは、その銘柄が属する業界の市場規模を考慮するといいでしょう。**業界自体の市場規模が小さく、時価総額1000億円を目指すことすら難しい銘柄もあります。

　また、**業界を調べるときは、その業界のトップ企業の時価総額をチェックしましょう。**ある程度成熟している業界の場合、業界トップの企業の時価総額がそのまま、その銘柄の"伸びしろの天井"と考えて問題ありません。

 POINT　同じ業界の最大手のシェアを10％奪うとすると時価総額はどれだけ伸びるかを計算

Q 44　似たような商品を手がける会社、どう比べる？

健康食品のネット通販で業績を伸ばしているA社への投資を検討中に、同じようなビジネスモデルでサプリメントをネット通販している未上場企業B社をみつけました。投資判断として、ふさわしいものを1つ選んでください

A社

時価総額	100億円
事業内容	健康食品のオンライン定期販売
売上高	30億円
純利益	3億円

B社

時価総額	未上場企業のため不明
事業内容	サプリメントのオンライン定期販売
売上高	300億円
純利益	30億円

❶ 健康食品とサプリメントは似て非なる商品なので両社を比較すること自体に意味がない

❷ できることなら売上高も純利益もよいB社に投資したい

❸ 健康食品に比べてサプリメントの市場規模は10倍もあるので、伸びしろを考えると、どちらに投資してもよい

❹ 似たビジネスモデルで顧客層も近く、A社の業績はB社のように10倍に増える可能性があるのでA社に投資する

ヒント👆「この会社の伸びしろがどこまであるのか？」を知るには、似たようなビジネスを展開している競合他社と比較するのがおすすめです

解 説

①たしかに健康食品とサプリメントは、似て非なる商品かもしれませんが、商品を購入するお客さんの目的が、「健康を維持するため」という点では共通しています。そのため、A社とB社を比較することで、どのくらいまで成長しそうかを測ることはできます。

②上場しているA社より未上場ながらB社のほうが売上高も純利益も多いため、消費者の知名度も高いと考えられます。

しかし、**投資によって得られるリターンは、この先の伸びしろであることを考慮すると、有望なのはA社になります。**

③この2社の比較は、あくまで会社の規模の比較であって、市場規模は表していません。

④A社は会社の規模としては、B社の10分の1です。同じようなビジネスモデル、同じようなジャンルのネット通販商品で、未上場のB社が売上高300億円・利益30億円の業績を実現できているなら、**上場しているA社も将来的に同じ規模まで事業を拡大できる可能性が高いと考えられます。**

似たような商品・サービスを手がけている会社はたくさんありますが、着目するべきなのは「ビジネスモデル」です。同じような健康食品を売っている会社でも、それがネット通販なのか、それとも実店舗販売がメインなのかによって、成長戦略や利益率、経営課題などがぜんぜん違ってきます。同じビジネスモデルで、先行しているリーディングカンパニーがあるならば、その会社の時価総額や成長曲線を参考に、今後の伸びしろを想定することができます。

POINT 　似たような商品・サービスを手がける会社を比較して伸びしろを考えてみましょう

1銘柄で1億円を儲けた話

　もちろん、ある程度の原資は必要ですが、小型株集中投資では、たった1回の投資で1億円の利益を得ることも、現実に起こり得ます。

　私の場合、2017年に1000万円ほどを投資した北の達人コーポレーション（2930）が、1年ほどで株価10倍を超えて、たった1つの銘柄で1億円超えのリターンとなりました。

　この会社をみつけたときの時価総額は、まだ100億円程度。美容液などのネット通販を展開している会社でしたが、このビジネスは当時、非常に好調で、業績を年々大きく伸ばしていました。

　そこで、本書でも紹介している市場規模や同業他社との比較など、さまざまな視点から同社の伸びしろを調べてみたところ、うまくいけば時価総額1000億円規模まで、つまり10倍は伸びる余地があるという結論に至り、投資を決断しました。

　投資をしたあとも、株価チャートや業績の進ちょく率などの情報を分析しながら、売るタイミングを模索していました。

　途中の決算で大きく株価を下げたタイミングもありましたが、業績の進ちょく率は、まだ道半ばと判断して保有を継続したのです。

　それらの判断が功を奏し、最終的に1銘柄で1億円のリターンにつながりました。

小型株集中投資
3年で10倍になる
株の見つけ方

ここからは
いよいよ上級編！
ヨシ、いってみよー

「ファンダメンタルズ分析」ってなに？

ファンダメンタルズ（経済の基礎的条件）

分析について、間違っているものを

すべて選んでください

❶ファンダメンタルズ分析では割高な株でも、業績が伸び続ければ株価は上がることがある

❷ファンダメンタルズ分析では割安な株も、売る人が多ければ株価はさらに下がる

❸ファンダメンタルズ分析で現在の利益に対して株価が割高な場合、株価はピークに達している

❹ファンダメンタルズ分析で現在の利益に対して株価が割安な場合、株価は底値をつけている

ヒント 👆 ファンダメンタルズ分析は会社の業績や資産をベースに投資すべきか判断するための分析方法ですが、必ずしも株価が分析通りに動くわけではありません

正解

❸ ❹

解　説

　ファンダメンタルズ分析は、業績や財務状況、配当、経済動向などから、会社の本質的な価値を分析する方法です。そして、会社の価値に対して株価が割安か、今後の成長が見込めれば、その株を買います。

　ちなみに、株価チャートをベースに、過去の値動きから先行きを予想するのは、次の設問に出てくる「テクニカル分析」です。

　ファンダメンタルズ分析の根底にあるのは、すべての会社の値段（時価総額）は、「その会社が生涯生み出す利益にリンクする」という考え方です。

　そのため、現在の保有資産や、この先稼ぎ出すであろう利益をシミュレートして、その会社の適正価格（時価総額）を算出します。

　しかし、株価というものは、理論とは別に、投資家の期待や失望など人間の感情でも変動するものです。そのため、数値によるファンダメンタルズ分析では説明できないような株価をつけることもあります。

　①いくらファンダメンタルズ分析で割高だからといっても、その会社の業績が成長し続ければ、それにともなって株価は上がります。

　だから、**「ファンダメンタルズが割高＝株価がピーク」とはいい切れません。**

　②も同じで、いくらファンダメンタルズ分析で割安だからといっても、株が売られ続ければ、それにともなって株価は下がります。

　これも、**「ファンダメンタルズが割安＝株価が底値」とはいい切れないのです。**

　③④上記の理由から、ファンダメンタルズ分析の数値だけでは、株価のピークや底値を正確に測ることはできません。

　いずれにしても、ファンダメンタルズ分析を万能視せず、あくまで1つのモノサシとしてとらえるといいでしょう。

会社の本質的な価値を分析

企業の状況

- 業績
- PER
- PBR
- 配当

経済の動向

| マクロ | 経済動向社会状況 |

| ミクロ | 企業業績財務状況 |

ファンダメンタルズ分析
（経済の基礎的条件の分析）

売上高・利益などの業績や財務状況といった企業の
本質的な価値に注目して分析する方法

ファンダメンタルズ分析は
1つのモノサシに

POINT ファンダメンタルズ分析はあくまでも1つの判断基準に

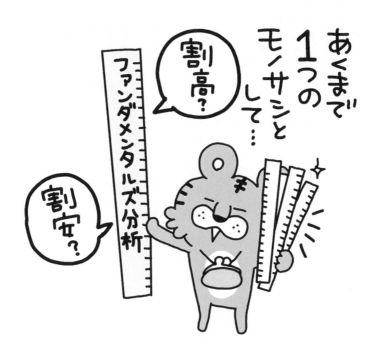

「テクニカル分析」ってなに？

株価チャートをみて過去の値動き
から先行きを予測するテクニカル
分析について、間違っているものを
すべて選んでください

❶テクニカル分析の「買いサイン」は統計的に値上がりする確率
が高い

❷テクニカル分析は目先の需給は知ることができても1年後の需
給を知ることはできない

❸テクニカル分析の「売りサイン」は統計的に値下がりする確率
が高い

❹長期投資ならテクニカル分析だけを頼りに取引しても問題ない

ヒント👆 テクニカル分析は、「株価は需要と供給のみによって決まる」という考え
をベースにした分析法です

解 説

テクニカル分析は、株価チャートをみて過去の値動きから今後の値動きを分析する方法です。株価は、株を買いたい人と売りたい人の需給バランスによって決まるということを前提にしている考え方です。

　ちなみに投資家の世界では、前の設問で紹介したファンダメンタルズ分析を重視する「ファンダメンタルズ分析派」と、今回紹介したテクニカル分析を重視する「テクニカル分析派」が、対峙しているような一面もあります。

　株価チャートを重視するテクニカル分析派は、ファンダメンタルズ分析派が重視する決算書や事業計画書などには目もくれず、目の前の株価の動きに必要な情報が株価チャートに織り込まれていると考える傾向があります。

　短期的に売買をくり返す投資家は、基本的にはテクニカル分析派といえるでしょう。テクニカル分析は目の前の株価、ファンダメンタルズ分析はもう少し先の未来の株価を予測するために使うイメージです。

　小型株集中投資は、テクニカル分析派でもファンダメンタルズ分析派でもなく、どちらも参考にしつつ、株式投資の勝率を上げて、資産の桁を増やそうとするものです。

　①の「買いサイン」というのは、いろいろとありますが、たとえば短期の移動平均線が中期の移動平均線を下から上に突き抜けるとき。これは「ゴールデンクロス」と呼ばれますが、こうした買いサインが出たからといって、統計的に値上がりする確率が高いかというと、そうでもありません。

　少なくとも私が過去のデータを分析した結果によると、「値上がりするとは限らない。どちらともいえない」という結論です。ただし、こればかりは相場の状態や銘柄によっても異なるので、一概にはいえないと

ころもあります。

②テクニカル分析が有効なのは、あくまで目先の需給を知る目的においてのみ。**目先の買いの需要がどれだけ多く、どれだけ「買いサイン」が出たとしても、それは短期的な需要でしかありませんから、半年、1年後の需給なんてわかりません。**

③も①と同様に、テクニカル分析で「売りサイン」とされる「デッドクロス」が出たとしても、必ずしも値下がりする確率が高くなるわけではないのです。

④テクニカル分析のみを駆使して売買するのは「トレーダー」と呼ばれる人たちですが、中長期目線の投資家とは、まったく違うアプローチで相場に臨んでいます。株式相場というフィールドは同じでも、やっているゲームがまったく違うのです。

\株価チャートに注目/

テクニカル(技術的)分析
株価や売買高などの需給や投資家の行動パターンに注目する

移動平均線　値幅観測
株価の動き　相場のパターン

買いサイン
ゴールデンクロス
短期の移動平均線が
中期の移動平均線を
下から上へ抜ける時

デッドクロス
短期の移動平均線が
中期の移動平均線を
上から下へ抜ける時
売りサイン

―― 短期移動平均線
―― 中期移動平均線

POINT　テクニカル分析も、ファンダメンタルズ分析と同じく、あくまでも
1つの判断基準にすぎない

会社情報をどう分析するか？

次の会社に投資を検討するときの考え方として、ふさわしくないものを1つ選んでください

ペッパーフードサービス【3053】

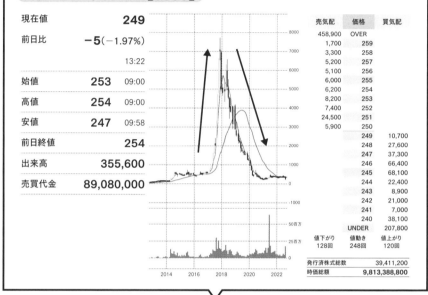

現在値		**249**
前日比	**−5**（−1.97%）	
	13:22	
始値	253	09:00
高値	254	09:00
安値	247	09:58
前日終値	254	
出来高	355,600	
売買代金	89,080,000	

売気配	価格	買気配
458,900	OVER	
1,700	259	
3,300	258	
5,200	257	
5,100	256	
6,000	255	
6,200	254	
8,200	253	
7,400	252	
24,500	251	
5,900	250	
	249	10,700
	248	27,600
	247	37,300
	246	66,400
	245	68,100
	244	22,400
	243	8,900
	242	21,000
	241	7,000
	240	38,100
	UNDER	207,800

値下がり	値動き	値上がり
128回	248回	120回

発行済株式総数	39,411,200
時価総額	9,813,388,800

❶ 2017年から2018年にかけて株価が急上昇している要因を調べておこう

❷ 株価が急落したあと、しばらく下落トレンドが続いているので、いまは買うべきではない

❸ 2017年に株価8000円を超えているので、同じ水準まで株価が戻る可能性が高い

❹ 時価総額98億円と小型株なので、IR次第では株価が今後2倍、3倍になる可能性はある

ヒント 株価が一度ピークアウトした会社への投資を検討するときは、株価を「スポーツ選手の記録」のように考えてみるといいです

①株価チャートをみると、10倍に急騰したあと10分の1に急落しています。**この要因は、必ずチェックしなくてはいけません。** この場合、「ペッパーフードサービス（会社名）」「2017年（年）」「テンバガー（事象）」といったキーワードでネット検索すれば、いろいろな情報がヒットします。

ちなみにこのときは、立ち食いスタイルなどで顧客回転率を上げた低価格のステーキ店「いきなり！ステーキ」が好調で、新規出店を加速。増収増益が続き、株価は安値から一時152倍も上昇しました。

②業績のよし悪しにかかわらず、このように株価チャートが下落トレンドの銘柄は、基本的に手を出さないほうが無難です。

③大前提として、同じ会社であっても、過去の株価と未来の株価に因果関係はないということを踏まえておきましょう。

つまり、**過去にいくら株価が高値をつけたからといって、それが、この先同じ水準まで上昇する根拠にはならないということです。**

株価が一度ピークアウトして、投資家に見放された会社の株価が、全盛期の水準まで戻ることは基本的にないと思ったがいいでしょう。

すでに天井がみえてしまった会社に、新たに投資をしたいと思う投資家はいないのです。

④いますぐに投資するべき銘柄ではありませんが、もし今後、有力企業との業務提携や新規事業の成功などによる業績の好転などがあれば、時価総額98億円と小型のため、株価が現在の水準から2倍、3倍に上昇する可能性は残されています。

POINT　**株価チャートの過去の大きな株価変動は必ず要因を確認しておく**

時価総額がかなり小さい会社を
どう分析するか?

次の会社に投資を検討するときの考え方として、最もふさわしくないもの
を1つ選んでください

ぷらっとホーム【6836】

現在値	**887**	
前日比	**+19**(+2.19%)	
	13:36	
始値	853	09:00
高値	887	13:32
安値	827	09:15
前日終値	868	
出来高	42,500	
売買代金	36,213,000	

売気配	価格	買気配
8,900	OVER	
200	908	
100	907	
200	900	
500	899	
700	895	
100	893	
200	890	
400	888	
300	887	
特 100	886	
	865	100
	864	100
	860	200
	859	100
	858	200
	857	800
	856	200
	855	200
	854	100
	UNDER	28,600

値下がり	値動き	値上がり
107回	222回	115回

発行済株式総数	1,358,800
時価総額	1,205,255,600

❶株価が急騰したあと急落しているが時価総額12億円とかなり
小さいので、成長性がありそうなら買ってもいい

❷時価総額12億円と小さすぎるので株価が3倍以上になる可能
性は低い

❸板が薄いが投資額50万円以下であれば、自分の売買による
株価の変動リスクは許容できる範囲だ

❹株価が急騰・急落しているので、すでに株価が天井をつけた
可能性もある

ヒント 時価総額がとても小さく、しばらく放置されていた銘柄が、なにかの理由
で急騰したケースは、場合によっては大きな投資チャンスになります

正解

❷

解 説

　①時価総額12億円の上場企業というのは、"超小型株"といえます。出来高も極端に少なく、取引がほとんど成立していないような日もあります。**このような銘柄は、基本的に投資家から注目されておらず、業績が低迷しており、売上高が伸びていないか、赤字が続いているか、どちらかのパターンが多いでしょう。**

　ぷらっとホーム（6836）は、Linux（リナックス）などの無償OS（基本ソフト）を利用したサーバーやシステムを構築する会社ですが、減収・赤字決算が続き、業績はかなり低迷しています。

　2022年9月に株価が一時的に急騰したのは、松井証券が大量に保有して保有割合が5％を超したことが原因でした。

　②時価総額12億円という超小型株は、ちょっとした業績の改善やIRで、すぐに株価が2倍、3倍になることもあり得ます。業績やビジネスモデルをしっかりと調べたうえで、出来高や板の状況をみながら、無理のない範囲で投資を検討するぶんにはいいでしょう。

　③このような出来高が少ない銘柄は、ある程度まとまった金額の成行買い（値段を指定せずに買い注文）で、簡単に株価がストップ高になるため注意が必要です。現在株価887円ですが、板の「売気配」をみると886円100株、887円300株、888円400株。50万円程度あれば成行買いでも888円以下で取引が成立するため、株価変動は許容範囲でしょう。

　④短期間で株価が2倍まで急騰した後、急落しているので、この形のチャートをみて**「天井をつけた可能性があるな」と一度疑うことは大切です。**ただ、時価総額や業績などを考慮して、まだまだ成長していくと判断できれば、投資を検討してもいいと思います。

POINT
時価総額が小さな小型株は、ちょっとした要因で大きく株価変動する傾向がある

「板」の流動性をどうみるか？

次の会社に投資を検討するときの考え方として、ふさわしくないものを1つ選んでください

クリアル【2998】

現在値	**2,218**
前日比	**−29**（−1.29%）
	11:14
始値	2,197　09:00
高値	2,235　09:05
安値	2,157　09:02
前日終値	2,247
出来高	81,300
売買代金	178,506,000

売気配	価格	買気配
40,900	OVER	
500	2,240	
100	2,239	
300	2,237	
200	2,236	
300	2,235	
300	2,233	
100	2,231	
300	2,230	
100	2,228	
前 900	2,218	前 800
	2,212	100
	2,210	100
	2,208	100
	2,203	100
	2,200	100
	2,199	200
	2,198	100
	2,190	100
	2,185	100
	UNDER	42,200

値下がり	値動き	値上がり
192回	398回	206回

発行済株式総数	5,102,300
時価総額	11,316,901,400

❶ 時価総額113億円と小型株で、株価チャートも上昇トレンドなので基本的には買ってよさそう

❷ 株価を大きく下げた12月中旬、なにがあったのかを調べたほうがよさそう

❸ 板をみる限り1000株単位で買ったとしても流動性リスクは低そう

❹ もう少し株価が下がったら買いたいので1900円前後で指値買い注文を入れておこう

> **ヒント** 👉 株価が上昇している真っ最中の会社へ投資するときは、時価総額や今後の伸びしろなどを総合的にみて判断しましょう

正解

❸

①時価総額113億円は小型株集中投資には魅力的なサイズ感なので、投資対象にして問題ありません。また株価チャートも上昇トレンドが継続中で、こちらも問題ないでしょう。

②株価チャートをみると、12月中旬に一度大きく株価を下げています。このときに、なにがあったのかは、必ず調べるようにしましょう。

すぐに株価を上げているので、おそらく一時的な要因と予想できますが、**「なにが起きたら、この会社の株価は下がるのか？」を把握しておくことは、今後の投資にも役立ちます。**

さらにいうと、一度株価を下げたあとの出来高急増をともなう株価急騰の要因もしっかりと調べましょう。

株価急落について、「クリアル（会社名）」「2022年12月（年月）」「株価急落（事象）」のキーワードでネット検索をしてみると、「不動産ファンドオンラインマーケットの『CREAL』がiOSアプリをリリース」というニュースがみつかりました。

通常、新しいサービスをリリースすると株価が反発するケースが多いのですが、このときは逆に大きく反落しています。

また、そのあとの株価急騰も調べてみると、「2023年3月期の連結業績予想について、営業利益を3億3000万円から4億8000万円（前期比53.4％増）へ、純利益を2億円から2億7000万円（同57.0％増）へ上方修正」というニュースがみつかりました。

この業績の大幅な上方修正が、出来高急増をともなう株価急騰の要因であることがわかります。

③株価2218円ということは、最低単元100株での投資額は約22万円です。板をみるとかなり薄く、仮に1000株（約220万円）投資したとすると、自分の売買で株価が動いてしまうリスクがあります。

こうした時価総額が小さく、極端に板の薄い小型株は、少額投資に向

いているといえます。

　一方、業務提携や決算が発表されたあとは、出来高増加とともに、板の流動性が一気に変化することもあります。そういうときは、多少大きな金額でも、価格変動を気にせず売買できるようになります。

　④株価の上昇トレンドが続いているのはいいのですが、現在の株価が最高値地点に近いことが懸念されます。

　もう少し値下がりしたら買いたいと思ったら、希望する売買価格を指定する「指値注文」を入れておくといいでしょう。

　ただ、本当に将来性のある有望株だと思ったら、同じように「値下がりしたら買いたい」と思う投資家がたくさんいるため、なかなか下がらないこともあります。

　そうなると「いまの株価で買うチャンスを逃す」ということにもなりかねませんから、思い切って値段を指定せず、現在の株価で発注する「成行注文」をしたほうがいいこともあります。

買いたくても買えない場合があるのかぁ…これは悩むなぁ

POINT

ニュースや決算の発表で板の流動性は大きく変化することがある

Q50 経営者が筆頭株主の会社から成長株をどう探す？

筆頭株主が創業社長の会社を探したところ、以下の2社が最終候補に残りました。1年後の投資リターンは、どちらのほうが高そうか、最もふさわしい理由とともに選んでください

	【A社】	【B社】
事業	ペットのヘルスケア商品のネット通販	M&A仲介
時価総額	150億円	300億円
売上高	200億円	30億円
純利益	10億円	10億円
PER	15倍	30倍
PBR	1.5倍	3倍
市場規模	約1兆7200億円	約23兆円

❶ 時価総額がB社の半分なのに売上高が大きいので、A社のほうが伸びしろがある

❷ PERやPBRがB社の半分で割安感があるため、A社のほうが低リスク

❸ B社の時価総額はA社の2倍あるものの、純利益率はA社5％に対してB社30％超と非常に高いため、B社のほうがより高配当が期待できる

❹ B社はPERやPBRがA社の2倍と割高だが、業界の市場規模を考えると、B社のほうが圧倒的に伸びしろがある

ヒント👆 時価総額や業績だけで比較するのではなく、伸びしろという観点から考えてみましょう

正解

❹

解 説

　ペットのヘルスケア商品をネット販売するＡ社のほうが、時価総額は小さく、PER・PBRも割安ですが、M&A仲介を手がけるＢ社のほうが、より伸びしろがあると判断できます。

　決め手となる要因は、「市場規模」の違いです。

　ペットフード・ペット用品を合わせた国内市場規模は約１兆7200億円、M&A業界の市場規模は約23兆円ともいわれますから、ダントツでM&A業界のほうが大きいです。

　Ａ社の時価総額は市場全体の約0.87％ですが、Ｂ社のそれは約0.13％にすぎません。**どちらも、伸びしろはあるものの、この２択でいえば、Ｂ社の伸びしろのほうが、はるかに大きいといえます。**

　そもそも、ペットフード・ペット用品のなかでもペットのヘルスケア商品の市場規模は、より限定的と考えられます。

　M&A仲介Ｂ社の時価総額300億円は、業界内ではまだまだ小さな規模（市場全体の１％未満）なので、競争力のある会社なら十分な伸びしろがあるといえます。

　もっとも、①②の選択肢も完全に間違っているというわけではありません。ただし、投資判断をするときの考え方として、最も大事な要素はなにかと問われれば、今回のケースでは市場規模だということです。

　③は、利益率が高いからといって、必ずしも高配当になるわけではありません。

- -

POINT

　　業界の市場規模に対して時価総額がどれくらいの割合かで大まかな伸びしろをチェックする

大株主の社長の情報を
どう深掘りするか？

3年後10倍株に育ちそうな株を調べた結果、次の3社が最終候補に残りました。株主構成をみて1社に絞るならどの会社か、その理由も合わせて答えてください

❶坪田ラボ【4890】

株主名	比率
坪田　一男（社長）	61.72%
株式会社坪田	13.33%
大髙　功	7.66%
山田　進太郎	1.87%
近藤　眞一郎	1.12%
株式会社マーズ	1.04%
原　裕	0.92%
株式会社ジンズホールディングス	0.92%
ロート製薬株式会社	0.92%
渡邉　敏文	0.87%

❷マイクロアド【9553】

株主名	比率
株式会社サイバーエージェント	57.45%
ソフトバンク株式会社	18.00%
株式会社SWAY	7.18%
SCSK株式会社	4.54%
田中　宏幸	1.83%
渡辺　健太郎（社長）	1.66%
マイクロアド従業員持株会	1.58%
穴原　誠一郎	0.97%
榎原　良樹	0.66%
瀧本　岳	0.51%

❸マイクロ波化学【9227】

株主名	比率
UTEC2号投資事業有限責任組合	19.84%
ジャフコSV4共有投資事業有限責任組合	14.29%
株式会社INCJ	12.58%
吉野　巖（社長）	9.86%
塚原　保徳	9.46%
三井化学株式会社	5.13%
PNB-INSPiRE Ethical Fund 1 投資事業有限責任組合	4.27%
OUVC1号投資事業有限責任組合	3.54%
株式会社SBI新生銀行	1.86%
DBJキャピタル投資事業有限責任組合	1.70%

大株主が誰かはとっても大事だよ！

注 この問題はフリー回答です。

解答・理由をまとめてから、ページをめくってください。

ヒント 🖐 誰が大株主かによって、その会社が将来どのように成長するかは変わってきます。想像力を働かせて考えてみましょう

3社のなかで、唯一創業社長と思われる人物が筆頭株主として、過半数の株を握っている点が決め手です。

3年で株価10倍（＝時価総額10倍）になる会社の共通点として、創業者である現社長が筆頭株主として経営を握っていることがあげられます。

創業者である現社長が筆頭株主ということは、株価や配当金を上げるという点で、一般の投資家と利害関係が一致するのが大きなメリットです。大株主でもないサラリーマンの雇われ社長であれば、自分が直接的に利益として得られるわけではない、株価や配当金を上げるというモチベーションが、筆頭株主の社長より低くなりがちなのは否めません。

次に大事なのは、筆頭株主の現役社長の人物像です。**「社長はどんな人？」「どんな経営理念がある？」「なんのために上場した？」「上場で調達した資金でなにを実現したい？」**といった点を探るのです。

「stockvoice」という投資系YouTubeチャンネルのインタビュー動画など、いくつか参考になる動画や記事がみつけられます。

②マイクロアド（9553）については、サイバーエージェント（4751）やソフトバンク（9434）という有名企業が大株主に名を連ねているので、ビジネス的にかたいかもしれませんが、ある程度の短期間に10倍になるかというと可能性は低いと思われます。それは経営者が筆頭株主ではないことが大きく影響するからです。

③マイクロ波化学（9227）は、ベンチャーキャピタルの出資が入りすぎている印象です。短期で利益を得る傾向の強いベンチャーキャピタルによる保有株の利益確定があれば、しばらくは上値が限定的になる可能性が高いと考えられます。

POINT ❯ **創業者の現役社長が筆頭株主の会社は有力な投資先候補**

短期勝負の銘柄にどう臨むか？

次の会社への投資判断とその理由として、最も適切と思われるものを1つ選んでください

● 上場して1年目のスマホ向けゲーム会社で時価総額150億円
● 超有名プロデューサーが新ゲームのプロデュースをすることを発表
● 開発中の新ゲームが話題となり、株価が上がりはじめた
● 新ゲームの発売は1か月後で、その内容は発売日まで未公開
● 新ゲームの公式サイトには、ものすごく強気な「自信あります！」という趣旨のコメント
● Twitterでも話題になり、株価が急騰しそうな雰囲気
● 新ゲームの発売が話題になる前に比べて、株価上昇率は20％程度
● 新ゲームの内容が不明なので、期待感だけで株価が上昇している感は否めない

❶ 投資する（最低1年くらいは保有しておいたほうがよさそう）
❷ 投資する（新ゲームが発売される当日までには売り抜けたほうが無難）
❸ 投資しない（時価総額150億円はすでに大きすぎるので急落リスクがある）
❹ 投資しない（上場して1年目のゲーム会社は実績がないので信用できない）

ヒント 👆 投資に唯一絶対の正解はありません。利益が出る可能性が高い選択肢はありますが、それだけが絶対的に正しいわけではないことを踏まえてください

これは実際にあった事例です。2015年9月に上場したブランジスタ（6176）が、AKB48・乃木坂46など有名アイドルのプロデューサーとして知られる秋元康氏を迎えたスマホゲーム開発をしているとのことで、Twitterなどのネットかいわいがざわつき出しました。

これを日本経済新聞が報道すると、500円台の株価は1000円台に突入。2016年5月16日には1万5850円もの高値をつけました。

実際に発売されたのは、当時人気絶頂のAKB48グループなどとコラボレートした景品をそろえたバーチャルクレーンゲーム「神の手」。スマホアプリを使ってバーチャルなクレーンゲームで遊べて、獲得した景品が実際に自宅に届く仕組みでした。

秋元康氏がプロデュースするスマホゲームであり、「課金率100%のゲームで、課金のみで年間1200億円の売り上げが見込める」とブランジスタが説明していたことから、株価が急騰したのですが、発売後は期待したほど業績が伸びることがなく、株価は急落しました。

実際に大人気ゲームになり、業績が急拡大するかどうかは、発売前にはわかりません。

しかし、「秋元康」という大看板は、投資家に大きな期待感を抱かせるには十分で、このゲームに対する期待は発売前から高まり、それにより株価は急騰したのです。

もとの株価から20%程度上昇したところで買うのであれば、もしこの投資が失敗したとしても、もとの株価に戻った段階で損切りすればマイナス20%程度の損失で済みますから、短期的なトレード感覚でチャレンジするのはアリです。

期待の高まりから株価が予想以上に伸びる可能性も高いわけで、どれだけの人気になるか、まったく想像できないからこそ、あえて投資家の

期待感による株価上昇に便乗するイメージです。

　こうした商品・サービスが発売される前の期待感による株価上昇に便乗するときは、**実際に発売されるまでに売買の決着をつけることが大前提です。**

　ブランジスタの事例でいうと、新ゲームがリリースされるまで、投資家の期待感だけで株価が上がると予想して株を買います。

　売るタイミングは、新ゲームのリリース前に時価総額1000億円を超えるか、リリース前に投資家の期待感が薄れて、株価が伸びなくなったと判断したときです。

　いずれにしても短期的な目線での売買になりますから、株価チャートをみながら、投資した時点での株価からマイナス20％が損切りの目安です。

　どれだけ長く売りのタイミングを引っ張ったとしても、ゲームの発売当日まで。発売日以降も株を保有し続けるとしても、商品・サービスの内容と売上高の推移（売上高ランキングなど）を、その会社のリアルタイムの時価総額と比較検討して判断しなければなりません。

　そのためには株価チャートの「日足」をチェックして売るタイミングを判断します。

ゲームが発売される前に株価が10倍以上になったなんて…

POINT 投資家の期待感による株価上昇に便乗するときは短期目線で損切りラインを決めておく

成長株の伸びしろをどう想定するか？

熊本が拠点の住宅メーカー、Lib Work（1431）への投資を検討するため、業績推移と競合他社をチェック。そのときの考え方として、ふさわしくないものを1つ選んでください

Lib Work【1431】　時価総額：約200億円

単位：百万円 | 2022年6月17日更新

【業績】	売上高	営業利益	経常利益	純利益	1株益 (円)	1株配(円)
単19.6*	6,597	532	573	391	19.3	3.13
単20.6*	6,036	144	195	137	6.5	4.5記
連21.6*	9,404	486	582	336	15.7	4.58
連22.6予	13,700	660	700	420	18.9	5.8
連23.6予	15,000	800	840	500	22.5	6
連21.7〜12	6,524	289	304	183	8.1	2.8
連22.7〜12予	7,000	350	370	220	9.9	3
連20.7〜3*	5,856	100	160	71	3.4	
連21.7〜3	8,607	182	204	105	4.7	
会22.6予	13,700	660	700	420	—	(22.5.12)

【配当】	配当金(円)
21. 9	1.4
21.12	1.4
22.3	1.5
22.6予	1.5
22.9予	1.5
22.12予	1.5
23.3予	1.5
予想配当 利回	0.78%
BPS(円) <連22.3>	
139.2	(149.4)

住宅メーカーの時価総額

順位	会社名	時価総額
1	大和ハウス工業	2兆2605億円
2	積水ハウス	1兆6063億円
3	大東建託	9008億円
4	飯田グループホールディングス	7143億円
5	長谷工コーポレーション	4386億円
6	住友林業	4084億円
7	ウエストホールディングス	2025億円
8	東建コーポレーション	1268億円
9	タマホーム	721億円
10	レオパレス21	567億円

2022年2月3日現在

❶競合他社に対して時価総額が小さいため投資リスクが高い

❷直近2年間で波はあるものの業績は戻ってきているので投資先として問題ない

❸2020年に減収減益だった原因は事前に調べたほうがいい

❹時価総額の規模からいって株価20倍以上になるポテンシャルを秘めている

似たようなビジネスモデルの他社と比べてその会社の伸びしろを予想してみよう！

ヒント🖕 同じ業界の競合他社と比較することで、業界の市場規模や投資しようとしている会社の伸びしろなどを大まかにつかむことができます

①ここまで読み進めてきた方なら、もうおわかりですね。

競合他社と比べて時価総額が小さいのは、そのぶん伸びしろがあるということなので、投資先としてはむしろプラス評価です。

②と③直近2年間の業績をみると、2020年に業績が落ちているため、その原因を調べる必要があります。

その原因次第では、投資を見送る可能性もあります。Lib Workの場合、2020年6月期決算で売上高が微減、営業利益・経常利益・純利益ともに大幅減となりました。

原因は、ひと言でいうと、2020年初頭からの新型コロナウイルス感染拡大ですから、一時的な減収減益とみていいでしょう。

④住宅メーカーの時価総額トップ10の会社と比べると、時価総額約200億円というLib Workの規模は小さいことがわかります。

もしLib Workが順調に成長を続け、**将来的に時価総額トップ10に食い込むことがあれば、時価総額（＝株価）は現在の水準の約3倍、トップ5に食い込めば20倍以上になることもあり得ます。**

ただし、Lib Workは熊本を拠点として、九州を中心に事業展開している住宅メーカーです。

その点、すでに全国に展開している大和ハウス工業や積水ハウスと比べて、どうしても成長の伸びしろが限定的と考えたほうがいいでしょう。

もちろん、Lib Workが全国展開をして業界トップクラスまで上り詰める可能性もゼロではありませんが、それを実現するまでにかかる時間軸なども考慮して、投資戦略に盛り込むといいでしょう。

 POINT 同じ業界の時価総額上位企業と比べて株価のポテンシャルを測ってみる

株価チャートから判断する
売り買いのタイミングは？

次の株価チャートの解説として、ふさわしくないものをすべて選んでください

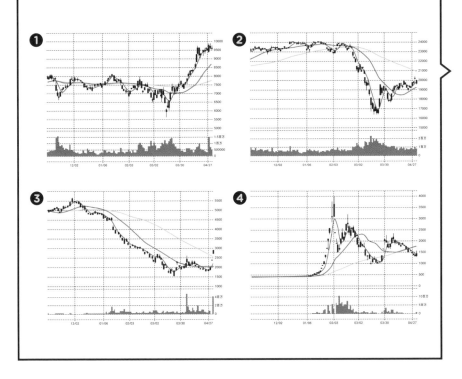

株価チャートの勉強だ！

❶ しばらく株価が小動きのままヨコヨコで推移していたが、ようやく移動平均線が上に抜けて右肩上がりになり、買うタイミングとしてはアリ。上昇する直前に直近最安値をつけたのが気になるものの、いったん売られたおかげで売り圧力が減ったぶん、上値が軽くなって値上がりしそう

❷ しばらくヨコヨコで推移していた株価が、一気に下落トレンドに入ってしまった。移動平均線も右肩下がりになってきたが、一度下がり切ってから急に株価を戻しているので、底値をつけたと判断してよさそう。タイミングとしては買い

❸ ずっと右肩下がりのチャートで、直近で2回ほど出来高増加とともに株価上昇。1回目はすぐに株価が下がったので、まだ下落トレンドが続いていたと考えられる。2回目は長期移動平均線を超えたので、上昇トレンドに転換した可能性が高いとみて、買いのタイミング

❹ 株価急上昇でストップ高を連発し、株価の天井をつけたあとは一転してストップ安を連発した典型的な"期待感だけで上昇した銘柄"。そのあとも何度か株価の上下をくり返しているが、ようやく株価が落ち着いてきたので、今後の急騰を期待してこのタイミングで買い

> **ヒント**👆 株価チャートから売り買いのタイミングを判断する基本は、前述したように上がりはじめたら買い、下がりはじめたら売る

正解

❷❹

解　説

　①と③は選択肢のとおりです。②は
たしかに底値をつけた可能性は否定で
きません。

　ただし、株価はまだ長期移動平均線の下に位置しているため、完全に
下降トレンドから抜け出したとはいえない状態です。

　**このまま長期移動平均線にタッチして下がり続ける可能性も高いため、
買うタイミングとしては必ずしもおすすめできません。**

　④は、典型的な"期待感だけで上昇した銘柄"の株価チャートの形です。

　急騰と急落を短期間でくり返す特徴がありますが、ひと相場が終わる
と、投資家はこの銘柄への興味を失ってしまいます。

　そして出来高が減少し、ズルズルと株価が下がり、最終的には時間を
かけて急騰する前の株価に戻るか、場合によっては急騰前の株価を下ま
わることもあります。

　もちろん、新たな好材料が出て急騰する可能性は否定できませんが、
**ひと相場終わったあとの株は"急激に下がる"ことが投資家の間で知れ
渡っているため、少し前につけた最高値を超えることはほとんどありま
せん。**

　そうしたことから、このタイミングで買うことはおすすめできません。

　株価チャートは、あくまで目の前のトレンドを把握するための1つの
モノサシです。ある形を描いたからといって、必ずしも分析どおりに上
がったり下がったりするというわけではありません。

　想像と逆の方向に動くこともよくあるので、株価チャートを過信しす
ぎないよう注意しましょう。

POINT　**株価チャートのトレンドと出来高、移動平均線の変化に注目**

板の売り買い数量から
なにを判断するか?

次の板についての考え方で間違っているものを1つ選んでください

板A

売気配	価格	買気配
2,537,400	OVER	
8,700	1,550	
1,200	1,549	
1,700	1,548	
900	1,547	
1,500	1,546	
4,300	1,545	
1,000	1,544	
800	1,543	
100	1,542	
1,200	1,541	
	1,540	400
	1,538	900
	1,537	1,200
	1,536	200
	1,535	600
	1,534	1,700
	1,533	1,000
	1,532	1,800
	1,531	1,400
	1,530	18,700
	UNDER	699,400

板B

売気配	価格	買気配
2,470,000	OVER	
200	1,593	
300	1,592	
5,300	1,591	
12,200	1,590	
400	1,589	
100	1,588	
100	1,585	
100	1,584	
200	1,583	
100	1,582	
	1,570	1,000
	1,569	200
	1,568	900
	1,567	300
	1,566	900
	1,565	1,300
	1,564	700
	1,563	1,100
	1,562	1,800
	1,561	5,300
	UNDER	2,140,800

板C

売気配	価格	買気配
889,800	OVER	
700	1,567	
5,300	1,565	
2,700	1,564	
400	1,563	
400	1,562	
100	1,561	
700	1,560	
100	1,559	
100	1,557	
10,900	1,555	
	1,549	600
	1,548	15,100
	1,547	32,600
	1,546	2,700
	1,545	39,900
	1,544	76,000
	1,543	48,400
	1,542	1,800
	1,541	54,300
	1,540	19,200
	UNDER	535,100

❶ 板Aはトータルで見ると売り注文のほうが多く"売り圧力"が強いので、短期的には株価が上がりにくそう

❷ 板Bは売り注文と買い注文が同程度なので、売り・買いどちらが優勢かは判断しにくい

❸ 板Bの1590円と1591円にまとまった売り注文が入っている。この指値の売り注文が成立(約定)すれば、目先の売り注文が減るので、短期的には株価が上がりそう

❹ 板Cはまとまった数の買い注文が多いが、これは機関投資家の注文と考えられる。機関投資家の注文が入っているうちに、売ってしまったほうがよさそう

ヒント 🖑 板から現在の需要と供給のバランスを知ることができます。買いたい投資家が多いときは「買い板が厚い」、売りたい投資家が多いときは「売り板が厚い」傾向があります

解 説

①の板Aは、左側にある売り注文のほうが多い状態です。この株を保有する投資家が、**「もう少し株価が上がったら売ろう」と考えている傾向が強い状態と考えられます。**

株価が上昇するためには、指値の買い注文よりも多くの「成行」の買い注文が必要になるため、板だけで考えるなら、現時点では買わないほうが無難といえるでしょう。

②と③の板Bは、売り注文と買い注文が同程度でバランスがとれている状態です。

そのため、株価がどのように動きそうか判断するには、この板情報だけでは、少し足りません。

1590円と1591円に入った指値の売り注文が約定すれば、それ以上の買い注文が入ったということなので、株価が上がる可能性はあります。

しかし、この株価を抜けない限り、株価が上がりそうで上がらない"上値が重い状況"になりそうともいえます。

④の板Cでは、ある程度まとまった指値の買い注文が入っていても、それが機関投資家の注文とは限りません。

板Cは明らかに売りたい人よりも買いたい人のほうが多い"買い圧力"が強い状態です。

買い圧力が強いときは、株価は上がる可能性が高いのです。基本的にはその勢いに便乗して買うという判断のほうがいいでしょう。

POINT 板の売り買い数量から短期的な株価の傾向をつかむ

Q56 株価暴落にどう備えるか？

株式市場が暴落したときの
実例として正しくないものを
1つ選んでください

❶ 世界的に有名な巨大企業が想定外の倒産を発表。その会社の株価はもちろん、多岐にわたる取引先に影響を及ぼすとともに、どこまで倒産の影響が広がるかわからず、相場がパニックに陥って世界同時株安へ発展した

❷ かつてないほどの巨大地震が日本の東北地方を直撃。津波により甚大な被害が広がった。地震発生直後、日経平均は暴落。しかし翌日、首都圏への被害は限定的だったことが伝わると、株式市場は落ち着きをとり戻しはじめた

❸ 新型コロナウイルス感染症のパンデミックによって、街から人々が姿を消したというニュースが流れ、日経平均は連日のように暴落。途中から日銀による株の買い支えが入ったものの、株価が落ち着きをとり戻すまでに1か月以上かかった

❹ 日銀が政策金利の利上げをサプライズで発表したため、お金が株式市場から国債などに流れ、日経平均が大暴落。一般的に中央銀行による利上げが発表されると、株価は下がる傾向にある

> **ヒント** さまざまな要因で株価は暴落しますが、共通するのは「サプライズ」です

正解	解説

❷

相場が暴落するときの背景について、理解を深めるための設問です。全部実際にあった出来事を題材にしています。

　②は一見すると説得力があるように思えたかもしれません。しかし実際のところ、**東日本大震災が発生した当日だけでなく、翌日以降も株価は大きく下落しました。**そのときの株価の動きは、次の通りです。

　東日本大震災が発生したのは2011年3月11日（金）、午後3時の大引け間近の午後2時46分。震災発生の直後から売り注文が殺到し、日経平均株価は10分ほどで100円以上、下げました。終値は前日比179円安の1万254円。この日は、損害保険各社の株価の急落が目立ちました。

　週明けの3月14日（月）は、午前9時の最初の売買（寄り付き）から売り注文が殺到。終値は前週末比633円安の9620円となりました。

　福島第一原発3号機での爆発事故が報じられた東京電力株は、この日、ストップ安となり取引が成立しませんでした。

　その翌日の3月15日（火）に福島原発事故による放射線量の異常な上昇が伝わると、日経平均の下げ幅は1400円近くまでいきました。

　東証1部上場銘柄の97%が値下がりし、終値は1015円安の8605円。下落率は10.55%を記録しました。これは1987年のブラックマンデー、2008年のリーマン・ショック後に次ぐ、過去3番目の下落率でした。

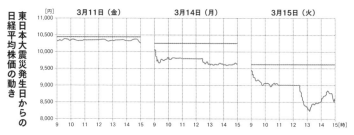

POINT　予測し得ない突発的な大暴落の背景を知っておく

株価暴落時に資産を
守るためのリスクヘッジとして
正しくないものを
1つ選んでください

❶ 時価総額・PER・PBRなどで一定の水準を超えたら利益確定をしつつ、日頃から暴落に備えて現金のポジションを多めにもっておく

❷ 不穏な空気を感じたり、暴落がくるかもしれないと感じたりした時点で、保有している株をすべて手放して暴落に備える。もし予想に反して暴落がこなかった場合は、買い戻せばいい

❸ 日頃から信用取引を利用して、レバレッジをかけて株を保有することで、暴落時にはすぐに空売りできるように備えをしておく

❹ 保有株はキープしつつ、株価暴落への保険として保有株と同量程度のVIX指数（恐怖指数）、もしくはダブルインバース指数（指数が1％下落すれば2％上昇）などの金融商品を買っておく

ヒント👆 多くの個人投資家は株価が下がったときに資産を守る方法を知りません。株価暴落時にどうするかをあらかじめ投資戦略に組み込むことで、自分の資産を守りましょう

解説

①ある程度、株価の水準が割高になったと思ったら、先に手放すことを癖にしておくと、暴落に巻き込まれるリスクが一部低減されます。また、**現金ポジションを多めにもっておくことで、暴落して下がり切ったところで、株を買うチャンスにも恵まれます。**

ただし、この戦略は暴落がこなかったときには、機会損失につながってしまいます。そのあたりのバランスには注意が必要です。

②少しでも不穏な空気を感じたら、いったん全株式を売却してしまえば、暴落に巻き込まれることはありません。

もし実際に暴落しなかったとしても、また株を買い戻せばいいだけなので、手数料くらいのコスト負担で済みます。

問題はタイミングの見極め方が、非常に難しいことです。暴落を正確に予測することはプロでも難しいので、**"暴落の初動"ですべて売るくらいの感覚が現実的でしょう。**

③は、暴落時へのリスクヘッジとして、最もやってはいけないことです。暴落時に相場から退場して戻ってこられなくなってしまう典型は、日常的に信用取引でレバレッジをかけて株を保有している人です。信用取引であれば、強制的に売らざるを得ない状況に陥ります。

現物株だけであれば、暴落が直撃して損をしたとしても、少なくとも売らざるを得ない状況にはなりません。

④は、保有している株を売らずに、暴落の部分だけリスクヘッジをするという方法です。

市場が不安定になって投資家の恐怖心が高まったときに急上昇するVIX指数や、日経平均が下がると、その下げ幅の2倍上がるように設計されている「日経平均ダブルインバース」などの金融商品を買うことで、保有株を売ることなく、暴落のリスクヘッジをすることが可能です。

ただし、こうした金融商品は暴落がなかったときは、ジワジワと損が出るように設計されているため、長期保有には向きません。あくまで一時的な保険として考えるといいでしょう。

　参考までに、下記は過去のVIX指数の推移チャートです。

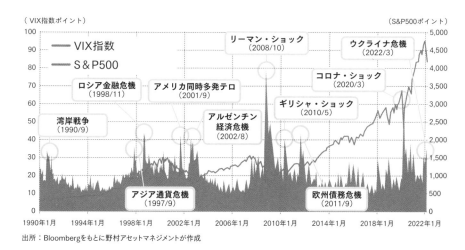

出所：Bloombergをもとに野村アセットマネジメントが作成

数年に一度やってくる
株価暴落に備えよう

POINT ❗ 信用取引は基本的に手を出さないほうが無難

株価の急騰・急落に
どう対処するか？

株式相場の暴落リスクが
高いと考えられるケースを
すべて選んでください

❶ TOPIXやS&P500種株価指数が、過去最高値を連日更新中。歴史的な好景気が続いており、どの株を買っても儲かっている状態。不動産価格や物価もどんどん上がっている。相場に携わる人たちの多くが楽観的なコメントをしている

❷ 日本政府が国民の株式投資を促進するため、税制優遇制度を導入。ワイドショーや雑誌は連日、株式投資の話題で持ちきり。多くの未経験者が投資をするようなブームになった

❸ 日本の大気汚染が大きな問題になり、国民の多くが外出時に特殊なマスクをつけるほどの状況に。室内用の空気清浄機が売れに売れ、各家電メーカーの株価はうなぎ上り

❹ 東証プライム上場企業の平均PERが80倍を超えるまでに成長。日本の人口は減少し続けているものの、テクノロジーの進化によって労働生産性が上がり、物価も所得も上昇している

ヒント👆 株価暴落のタイミングを事前に予測することは不可能ですが、その予兆を知るすべはあります。実態と株価が大きく乖離（かいり）して、株価だけが上昇し続けると暴落リスクは上がります

解　説

これらすべての選択肢が、株式相場の暴落リスクが高い状態を示すため、警戒が必要となります。

①株式相場に関わる人たちの多くが楽観的なときは、短期的に株価は上がるかもしれません。**しかし、どこかのタイミングで、必ずしわよせがきます。**

2021年の米国株相場がそうでした。専門家を含めて多くの人が、上がり続ける米国株相場を楽観視していましたが、2022年に入ると一転、下落トレンドが続きました。

株式相場は、いつまでも上がり続けることもなければ、下がり続けることもありません。**雰囲気にのまれて楽観視するのではなく、冷静に現在の株価水準は妥当なのかをチェックしましょう。**

②ブームになって未経験者の多くが投資をはじめるような状況は、86ページで触れた「靴磨きの少年が株の投機に浮かれていたら大暴落の前触れ」というのと同じことです。

国民のほとんどが投資をしているという状況は、少なくとも日本国内には「もうこのあとに株を買う人がいない」という状態です。

2017年後半から2018年初頭にかけて、暗号資産「ビットコイン」がブームとなり、それまで投資をしたことのなかったお笑い芸人さんもテレビなどでビットコインの売買を話題にするまでになりました。

そのブームにのって多くの未経験者がビットコインを買い、価格が数倍に急騰。そして、暴落しました。その後、2020年後半からも、同様の乱高下がくり返されています。

未経験者の多くが急に投資をするようになったときは、基本的に"売りサイン"です。

③は、国民の行動が一変したときの例ですが、実際に新型コロナウイルス感染症のパンデミックのときに起こったことでもあります。

一斉に外出が自粛されると、外食や旅行、鉄道・航空などの業界は大打撃を受け、業績が一気に下がります。

その半面、ネットの娯楽やオンライン会議システム、食料宅配など、在宅需要をとり込む業界の業績は上がりますが、株式相場全体でみれば、やはり暴落するのです。

④東証プライムの平均PERが80倍という水準は、「東証プライム上場企業を1社丸ごと全部買ったとしたら、（現在の利益が継続するとして）投資したお金を全額回収するまで80年かかる」ということです。

東証プライムの平均PERは15倍程度ですからPER80倍というのはかなり割高な水準です。所得が増えているので一見よさそうに思えますが、物価も上がってインフレ（インフレーション）が生じている状態です。

ブームになって加熱したら要注意なんだな…

一気に注目を集めたり人気が高まったりすると急上昇・急下落になりがち

10倍株になった株の話

　小型株集中投資の醍醐味の１つは、たった１つの銘柄への投資で資産が数倍、場合によっては数十倍にも増える可能性があることです。

　米国株の例ですが、Amazon.com（AMZN）が上場したばかりの頃に100万円投資していたら、いまごろ約20億円（約2000倍）になっていますし、そこまで大きなリターンが得られなくても、数年で10倍になるような銘柄は、日本にもたくさん存在します。

　では、一体どのような株が10倍になるのでしょうか？
『会社四季報』（2019年4集秋号、東洋経済新報社）のなかで、「在任中に時価総額を10倍以上に増やした経営者」という特集が組まれていました。

　それによると、株価10倍超えの会社は68社。ここから先は、私が独自に調べた結果ですが、株価10倍になった68社のうち、75％程度がオーナー社長の会社で、93％が時価総額300億円以下の会社でした。

　つまり、オーナー社長が経営している時価総額300億円以下の会社から、10倍株が出現する可能性が高いといえます。

　本書ではそうした10倍株になる可能性を秘めている「小型株」を対象にした「集中投資」という投資手法をベースに出題しています。投資の本質的な考え方を学び、投資を続けてさえいれば、あなたも近い将来「10倍株」に出あえるかもしれません。

小型株集中投資 株情報を 深掘りする方法

ここから先は応用編！
ラストスパート
一緒にがんばろー！

Q59 株価のトレンドをどう読みとるか？

次の2つの銘柄を比較するときの考え方として、ふさわしくないものをすべて選んでください

クリアル【2998】

1万円から投資できる不動産クラウドファンディングを展開する会社

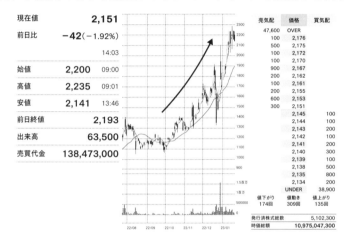

現在値	2,151	
前日比	−42（−1.92%）	
		14:03
始値	2,200	09:00
高値	2,235	09:01
安値	2,141	13:46
前日終値	2,193	
出来高	63,500	
売買代金	138,473,000	

売気配	価格	買気配
47,600	OVER	
100	2,176	
500	2,175	
100	2,172	
100	2,170	
900	2,167	
200	2,162	
100	2,161	
200	2,155	
600	2,153	
300	2,151	
	2,145	100
	2,144	100
	2,143	200
	2,142	100
	2,141	200
	2,140	300
	2,139	100
	2,138	500
	2,135	800
	2,134	200
	UNDER	38,900

値下がり	値動き	値上がり
174回	309回	135回

発行済株式総数	5,102,300
時価総額	10,975,047,300

ウェルスナビ【7342】

ロボアドバイザーを活用した全自動の資産運用サービスを展開する会社

現在値	1,390	
前日比	+47（+3.50%）	
		14:16
始値	1,438	09:09
高値	1,490	09:09
安値	1,385	13:05
前日終値	1,343	
出来高	1,938,000	
売買代金	2,772,776,000	

売気配	価格	買気配
524,600	OVER	
2,300	1,399	
1,100	1,398	
400	1,397	
1,200	1,396	
1,000	1,395	
900	1,394	
300	1,393	
500	1,392	
600	1,391	
900	1,390	
	1,389	900
	1,388	3,900
	1,387	1,200
	1,386	2,800
	1,385	8,000
	1,384	800
	1,383	5,600
	1,382	4,500
	1,381	5,200
	1,380	15,800
	UNDER	236,200

値下がり	値動き	値上がり
3493回	6039回	2546回

発行済株式総数	48,364,669
時価総額	67,226,889,910

応用編

小型株集中投資 株情報を深掘りする方法

注 右ページの正解を まだみないでください！

❶ クリアル（2998）は上昇トレンドで投資対象になり得るが、ウェルスナビ（7342）は下落トレンドなのでこの時点では投資対象にはならない

❷ 時価総額を比較するとクリアル約110億円、ウェルスナビ約670億円と約6倍の差があり、クリアルのほうがより伸びしろがありそう

❸ 板をみると、クリアルよりもウェルスナビのほうが厚いため、まとまった資金を投資するなら流動性リスクだけ考慮するとウェルスナビのほうが低リスク

❹ クリアルの株価はしばらく上昇トレンドが続いているので下落リスクが高く、ウェルスナビは株価が下がりきっているので下落リスクが低い。この時点で投資するならウェルスナビのほう

時価総額と株価チャートを総合的に判断したときの思考を鍛える問題ですあなたならどっちに投資したいと思いますか？

> ヒント👆 応用編の問題は、これまで学んだことを総動員して、株価チャート、時価総額、板から総合的に判断してみましょう

①下落トレンドの銘柄には、基本的に手を出さないようにしましょう。

ウェルスナビの株価は底を打った感も多少はありますが、それでも株価チャートだけで判断すると、上昇トレンドのクリアルのほうが投資対象として魅力があります。

②時価総額の比較では、低いクリアルのほうが伸びしろがあり、圧倒的に投資リターンの期待度が高いです。

③板を比較するとクリアルよりもウェルスナビのほうが、まとまった数の指値買い注文が入っているため、大きな金額を投資するのであれば、（流動性の観点だけで判断すると）ウェルスナビのほうが低リスクだと考えられます。

④株価が上がりきっているかどうかは、チャートの形だけでは判断できません。

チャートの形だけをみると、クリアルは天井をつけているようにみえなくもないですが、時価総額で比較するとクリアルのほうが、まだ成長余力を残していると考えられます。

株価チャートの形や時価総額を総合的にみて投資判断をすることをおすすめします。基本的には、時価総額が大きくて株価もピークアウトした会社への投資はおすすめしません。

時価総額が小さくて株価チャートが上昇トレンドの会社への投資がおすすめです。株式投資の世界では、上がる株は上がり続けて、下がる株は下がり続ける傾向があります。

正解 ❹

POINT　下落トレンドの銘柄には手を出さず、上昇トレンドの銘柄を優先したほうがいい

※Q59〜Q63はセットの出題です

Q60 財務の健全性をどうみるか？

次の情報をもとにクリアル（2998）を深掘りするときの考え方として、ふさわしくないものをすべて選んでください

クリアル【2998】

2022年12月16日更新

銘柄名(かな)	くりある
決算	3月
設立	2011.5
上場	2022.4
特色	1万円から投資の不動産クラウドファンディング展開。実物不動産やプロ向け投資サービスも
連結事業	CREAL44、CREAL Partners44、CREAL Pro12 <22・3>
業種コード	8050
業種名	不動産業
再増額	不動産クラウドファンディングが想定超の勢い、会員数も着実増。実物不動産サービスは中古区分レジデンス販売好調。人件費増等こなし前号比で営業益上振れ。金利負担減。24年3月期も投資案件豊富なクラウドファンディングの伸び続く。
準備	投資商品ラインナップ拡充見据えエンジニア積極採用を継続。社内システム稼働、物件リポート作成等の業務効率化。
本社	110-0015東京都台東区東上野2-13-2
電話番号	TEL03-6264-2590
従業員	<22.3>連62名 単37名(40.0歳)[年]681万円
業種	証券・先物 時価総額順位 34/48社
証券	[上]東京(G)[幹](主)SBI(副)みずほ,大和,岡三,楽天,岩井コスモ,東洋,松井,マネックス[名]みずほ信[監]EY新日本
銀行	三井住友,みずほ,楽天,千葉,東日本
URL	https://corp.creal.jp/
株式	10/31 5,102千株 時価総額 78.5億円
仕入先	―
販売先	―
総還元性向	―（3期平均―）【増減配回数】増0 減0 据0 無2

【財務】<連22.9> 百万円

総資産	16,947
自己資本	2,005
自己資本比率	11.8%
資本金	696
利益剰余金	710
有利子負債	2,302

186

❶ 会社の設立から上場までに10年以上かかっているため、急成長している会社とはいえない

❷ 「1万円から投資できる不動産クラウドファンディング」は、いまは伸びていても、これからインフレ傾向が強まると不動産価格が上がるので、需要の伸びが見込めないビジネスモデルだ

❸ 従業員62名・平均年齢40歳と若く勢いがある組織というよりは、ある程度落ち着きがある組織と考えられる

❹ 自己資本比率11.8％とかなり低水準なので、業績はよくても倒産リスクが高いため、投資は避けたほうがよさそう

一般的には正しいとされている情報も鵜呑みにせず自分の頭でしっかりと「なぜ？」なのか考えてみよう

ヒント 👆 それぞれの数値を漠然としたイメージだけで判断するのではなく、総合的にとらえることが大切です

解説

①会社の設立から上場までの年月は短いほうが勢いを感じられますが、上場まで10年以上かかったからといって「急成長していない」とはいい切れません。

同じ会社でも、社長が変わったり新規事業をはじめたりしたことがきっかけで、まるで別会社かのように業績が好転することはよくあります。

②物価が上がるインフレでは、不動産価格も上がる傾向があるため、少額からはじめられる不動産投資クラウドファンディングの需要は伸びると考えられます。

③平均年齢40歳は、若くて勢いがあるというよりは、年長者もいて少し落ち着いた社風であると考えられます。

④経営の健全性を示す「自己資本比率」は、高ければ高いほど財務的には安定しているといえます。

自己資本比率は業種によって水準が異なるため、同業他社と比較したほうがよいものの、実質無借金で80％を超えるなど、財務体質の強さが際立つ会社もあるなか、11.8％というのはかなり低水準といえます。

しかし、それだけで「倒産リスクが高い」と決めつけるのはおすすめしません。

クリアルがクラウドファンディングで集めた資金は決算書の1つ、損益計算書（PL）の負債にのるため、自己資本比率が低水準になる可能性が考えられます（実際に次ページにある決算資料をみると、そのような記述がみられます）。

おもな業界の平均自己資本比率

業種	自己資本比率
建設業	39.5%
製造業	45.6%
情報通信業	58.6%
運輸業、郵便業	36.3%
卸売業	38.3%
小売業	36.7%
不動産業、物品貸借業	32.7%
宿泊業・飲食サービス業	14.4%
サービス業（ほかに分類されないもの）	44.9%

「平成30年中小企業実態基本調査」による業種別の黒字企業の平均
出典：https://doda.jp/companyinfo/contents/finance/009.html

連結貸借対照表の構造

CREALで組成するクラウドファンディングは貸借両建てで計上されるため、会計上BSの大部分を占めることになる

（単位：百万円）

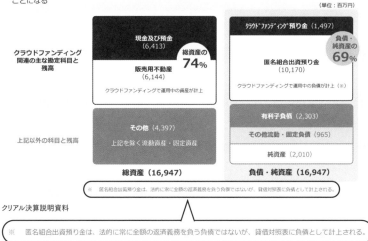

クリアル決算説明資料

※　匿名組合出資預り金は、法的に常に全額の返済義務を負う負債ではないが、貸借対照表に負債として計上される。

POINT　**同じ業界で自己資本比率を比べて財務体質の健全性をみる**

Q61 「配当金」と「先行投資」をどうみるか？

次の情報をもとにクリアル（2998）を深掘りするときの考え方として、ふさわしくないものをすべて選んでください

クリアル【2998】

単位：百万円　　　　　　　　　　　　　　　　　　　　　　　　　　　　2022年12月16日更新

【業績】	売上高	営業利益	経常利益	純利益	1株益(円)	1株配(円)	【配当】	配当金(円)
連20. 3*	3,776	263	215	152	39.0	14.1	20. 3	4230
連21. 3*	7,141	183	105	50	12.4	0	21. 3	0
連22. 3	10,581	313	256	172	40.4	0	22. 3	0
連23. 3予	17,000	500	500	300	58.8	0	23. 3予	0
連24. 3予	24,000	800	750	500	98.0	0	24. 3予	0
連22.4〜9	9,340	503	475	327	66.8	0	予想配当利回	—%
連23.4〜9予	11,000	600	600	400	78.4	0	BPS(円) <連22.9>	
会23. 3予	16,000	330	310	200	-	(22.5.13)	399.8	(243.9)

【株主】[単]1,480名<22.9> 万株

株主名	持株数・持株比率（%）
徳山明成	**133(26.7)**
ブリッジ-C・アドバイザリー	78(15.5)
横田大造	**39 (7.9)**
金子好宏	31 (6.3)
櫻井聖仁	30 (6.1)
日本カストディ信託口	23 (4.7)
ブリッジ-C・ホールディングス	23 (4.7)
Y'sキャピタル合同会社	6 (1.1)
楽天証券	5 (1.0)
澁谷賢一	5 (1.0)
<外国> 22.5%	<浮動株> 9.2%
<投信> 4.8%	<特定株> 75.5%

クリアル決算説明資料

❶ 2020〜22年の2年間で売上高は順調に伸びているが、最終的な純利益がたいして増加していないので、あまり儲からないビジネスモデルと考えられる

❷ 事業規模を表す売上高が急成長しているので、少なくともいまの時代に需要のあるビジネスを展開していると考えられる

❸ 2020年には配当金を出していたが2021年以降は無配当なので、売上高は伸びていても実はあまり儲けが出ていないと考えられる

❹ この会社の社長「横田大造」は第3位の大株主だが、第1位の「徳山明成」は何者かをよく調べる必要がありそう

数字の増減だけでなくその裏にある真意を探ることが投資で資産を築くための近道！

ヒント👆「未来の業績向上のため」に稼いだ利益をうまく先行投資できる会社が伸びていきます

正解

①③

①純利益は売上高からさまざまな費用を差し引いたあとに残る"最終的な儲け"で、「最終利益」とも呼ばれます（49・109ページ参照）。ただし、その純利益と、会社のビジネスが本質的に儲かるかどうかは、別問題です。

会社の経営スタイルによっては、あえて会社に純利益を多く残さず、この先の事業拡大のための先行投資に使うこともよくあります。

純利益が残っていないからといって「儲からない」と判断するのではなく、しっかりとビジネスモデルをみて判断しましょう。

②売上高が伸びているということは、その会社が提供している商品・サービスが、多くの人から求められ、きちんと需要のあるビジネスを展開しているといえるでしょう。

一方、利益については、その会社が提供した「付加価値」であると考えましょう。**利益率の高い会社は、より大きな付加価値を社会に提供できていると考えるのです。**

③配当金がなくなると、配当金目的で保有していた投資家が保有株を売却するので、短期的には値下がりする可能性が高いです。

ところが、株主に配当金を支払っていたお金を使って、事業拡大のために先行投資しているならば、投資家にとっては将来的な業績向上による株価上昇の期待が高まります。

事実、上場してから20年以上も売上高を伸ばし続けているにもかかわらず、一度も配当金を出したことがない世界的な超有名企業があります。その会社は株主に配当金を出せないのではなく、配当金を出すくらいなら、事業拡大のために先行投資したほうが、株主の利益を最大化させられるという理念で経営しています。

みなさんも、よくご存じのAmazon.com（AMZN）です。

④は、会社が設立されて古くない場合、創業者が社長を務めることが

多いのですが、クリアルの場合、創業者で筆頭株主の徳山明成氏は会長を務めています。

　この場合、実質的に経営の意思決定権を持っているのは、第3位の大株主・横田大造社長ではなく、筆頭株主の徳山明成会長であることも考えられます。

　そのため、会社名と人物名でネット検索するなどして、両者についてきちんと調べておく必要があります。

会社を成長させるためには
利益を再投資するのが一番！
配当利回りだけでなく
会社が成長しているかをちゃんと調べよう！

POINT 小型株では利益を配当金として株主に支払うより、先行投資をするケースも多い

Q62 「決算説明資料」をどう読むか？

次の資料はクリアル（2998）の決算説明資料から一部抜粋したものですが、この情報をもとに深掘りするときの考え方として、ふさわしくないものをすべて選んでください

---

01 会社概要／事業概要

不動産投資の民主化を実現、手軽に資産形成を行える社会へ

資産運用にDXを推進、誰もが不動産投資による安定的な資産形成を進められるサービスを提供

個人投資家向け / 当社の主力成長事業

不動産投資プロセスにDXを推進、不動産投資の機会を広く開放

不動産ファンドオンラインマーケット	個人向け不動産投資運用サービス
creal 1万円から	**creal** partners 1千万円から
短期的な運用商品としての不動産クラウドファンディング	DXを活用した長期の資産運用のための実物不動産投資を通じた資産運用

機関投資家 超富裕層向け	**creal** pro 1億円から	プロ向け不動産ファンド事業
		大型不動産への投資を通じた資産運用サービス事業

---

02 第2四半期 決算報告

2023年3月期第2四半期の各事業の業績

いずれの事業も事業計画に沿って進捗。とくにCREAL事業においては、前期までに積み上げた案件の売却が進み力強い成長となった

（単位：百万円）	2022年3月期 2Q累計	2023年3月期 2Q累計	前年同期比
CREAL			
売上高	3,030	6,541	+115.9%
売上総利益	283	581	+104.9%
CREAL Partners			
売上高	1,701	2,359	+38.7%
売上総利益	219	285	+29.7%
CREAL Pro			
売上高	625	439	−29.7%
売上総利益	164	359	+117.9%

CREAL事業
事業計画に沿って力強く成長
2022年3月期および当期1Qまでに積み上げたCREAL案件が順次償還し、特に2Qに集中したため大幅増収
適切なTake Rateを確保し売上総利益も増益

CREAL Partners事業
事業計画に沿って増収、利益率を維持し、増益
当社主力事業の1つであり、事業成長のために営業人員も増員

CREAL Pro事業
当事業のメインはフィー収入であるが、前期はスポットの棚卸資産の売却があったため売上高は減収
一方で、当期はAM事業を積み上げることができており、フィー収入の比率が高くなり増益

クリアル決算説明資料

❶この会社は「1万円から少額投資をする個人向け」「1000万円以上投資できる個人向け」「1億円以上投資できる個人・法人向け」と3つの顧客属性に分けた不動産投資の事業を展開していることがわかる

❷3つの事業のなかでも「1000万円以上投資できる個人向け」を中心に調べたほうがよさそうだ

❸売上総利益率は「1億円以上投資できる個人・法人向け」が一番高いので、この事業の業績が将来の株価を予測するうえで最も大事になる

❹最も売上高と売上総利益が伸びている「1万円から少額投資をする個人向け」を調べたほうがいいので、この「CREAL」というサービスを実際に使ってみよう

うーん…そろそろ頭から煙が出てきそうだ…

ヒント 売上高に占める割合が最も大きいその会社の主力事業の業績が今後の株価に比例します

正解

❷ ❸

解説

①投資を検討しようとしたら、**まずはその会社の売上高がどのような事業で構成されているかを把握しましょう。**次に、どの事業が、その会社の一番の売れ筋商品・サービスかを見定めます。

②売上高をみると「１万円から少額投資をする個人向け」の事業が最も大きく、なおかつ前年同期比で２倍以上に成長しています。

そのため、この事業が一番の売れ筋商品であると考えられます。売上高比率が高く、伸びている商品・サービスの需要を調べることで、この会社の将来性を測ります。

③売上総利益率だけみると、「１億円以上投資できる個人・法人向け」の事業が一番高いため、一番大きな付加価値を生み出していると考えられます。しかし、（設問にはありませんが）この事業の売上高は約４億3900万円と全体からすると３％程度しかありません。

おまけに前年同期比で売上高が３割ほど（29.7％）減少しています。どれだけ利益率が高くても、売上高が伸びていない事業は需要がないと考えるべきでしょう。**大事なのは、最も高い利益率の事業ではなく、最も多くの利益を稼げる事業です。**

④この会社において将来の一番の稼ぎ頭になりそうなのは、売上高が最も伸びている「１万円から少額投資をする個人向け」の事業です。

この事業の成否が将来の株価を左右するといっても過言ではありません。そのため、一番の稼ぎ頭であるこのサービスを実際に使ってみるという判断は、素晴らしい投資行動といえます。

POINT

事業の構成を把握して売上高と利益の一番の稼ぎ頭を重点チェックする

Q63 同じような業界の決算説明資料を どう読むか？

次の資料はクリアル（2998）とウェルスナビ（7342）の決算説明資料から一部抜粋したものですが、この情報をもとに深掘りするときの考え方として、正しいものをすべて選んでください

クリアルの決算説明資料

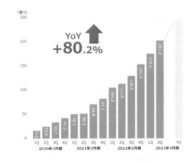

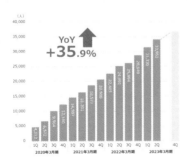

※KPIとは「経営の重要業績評価指標」のこと。GMVとは「流通取引総額」のことで、ここでは「1万円から少額投資をする個人向け」の事業「CREAL」への投資額

クリアル決算説明資料

ウェルスナビの決算説明資料

積み上げ型の収益モデルを持つ国内No.1ロボアドバイザー

サービス正式リリース **2016年7月**	運用者数[1,2] **35.2万人**	預かり資産[1] **6,937億円**
	20〜50代の運用者の割合[1] **86%**	預かり資産の成長率[5] **+26%**
従業員数[1] **128名**	平均月次解約率[3] **<1%**	ARR[6] **67.9億円**
エンジニア・デザイナー比率[1] **48%**	10年以上の利用意向[4] **64%**	Net AuM retention[7] **120%+**

簿価ベースの預かり資産と運用者数は堅調に増加

簿価ベースの預かり資産の推移
四半期末、億円

前年同期比 **+34%**

6,199
5,788
5,384
5,182
4,639
3,932
3,339
2,887
2,731
2,429
2,199
1,862

1Q 2Q 3Q 4Q 1Q 2Q 3Q 4Q 1Q 2Q 3Q 4Q 1Q 2Q 3Q 4Q 1Q 2Q 3Q
17/12期　18/12期　19/12期　20/12期　21/12期　22/12期

運用者数
四半期末、万人

前年同期比 **+16%**

34.3　35.2
33.2

30.3
28.8
26.9
23.6
22.6
21.5
18.9
17.3

1Q 2Q 3Q 4Q 1Q 2Q 3Q 4Q 1Q 2Q 3Q 4Q 1Q 2Q 3Q 4Q 1Q 2Q 3Q
17/12期　18/12期　19/12期　20/12期　21/12期　22/12期

ウェルスナビ
決算説明資料

❶ 計算すると、クリアルの利用者1人当たりの平均投資額は約60万円、ウェルスナビの1人当たりの平均投資額は約200万円。クリアルのほうが少額投資のカジュアルなユーザーが多い

❷ 預かり資産はクリアルが前年同期比80%増、ウェルスナビが同26%増と、事業の成長率はクリアルのほうが高い

❸ 仮にクリアルが現在のウェルスナビと同程度の規模まで成長すると、会社の事業規模から考えた時価総額は10倍以上に化ける計算になる

❹ ウェルスナビの成長率はクリアルに比べるとやや鈍化してきているため、ビジネスのピークという意味では、ウェルスナビのほうが先に頭打ちになると考えられる

ヒント 🖐 似たようなビジネスモデルの競合他社と比べることで、将来的な業績の伸びしろを予測することができます

応用編

小型株集中投資　株情報を深掘りする方法

正解

①②③④

すべて

解 説

①の１人当たりの平均投資額は（預かり総資産÷投資家数）で算出できます。

クリアル：201.6億円÷3万3952人＝約59.4万円

ウェルスナビ：6937億円÷35万2000人＝約197.1万円

　１人当たりの平均投資額をみると、クリアルのほうが少額投資のカジュアルなユーザーが多いことがわかります。

　②決算説明資料をもとに前年同期比で何％成長しているか比べると、クリアルのほうが高い成長率だとわかります。

　③クリアルとウェルスナビを比べたとき、投資家（サービスの利用者）の数で10倍以上、預かり資産の合計金額で34倍以上も、ウェルスナビのほうが勝っています。

　そのため、クリアルがウェルスナビと同規模まで事業が成長すると仮定すると、10〜30倍程度の伸びしろが期待できることになります。

　もちろん、市場規模やサービス内容に異なる部分があるため、一概にはいいきれませんが、**少なくともクリアルの事業規模が１桁拡大する可能性は十分にあると考えられます。**

　④顧客の資産を運用して手数料を稼ぐビジネスモデルという意味では、ウェルスナビもクリアルも同じですが、事業としてはウェルスナビのほうが開拓者として先を走ってきました。

　ウェルスナビの今後の伸び率を追いかけることで、このビジネスの頭打ち（売上高が伸び悩みはじめるライン）が、どのあたりになるのかを知ることができます。クリアルに投資する際は、ウェルスナビの事業推移を追いかけながら、売るタイミングを測るイメージです。

POINT 　同じ業界で先行する会社の事業規模を参考にポテンシャルや伸び率をはかる

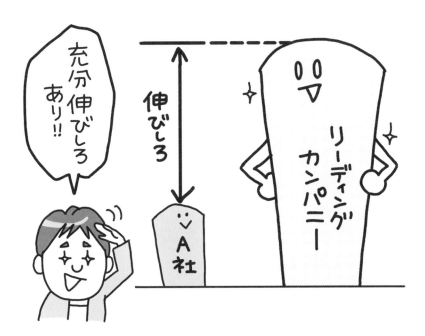

Q64 「IPOセカンダリー投資」を どう成功させるか？

上場したばかりの会社への投資を検討していて、次の3社が最終候補として残りました。事業内容とチャート情報をみての考え方として適切でないものをすべて選んでください

ELEMENTS【5246】

生体認証・画像解析・機械学習技術を活用したオンライン本人確認サービス

現在値	688
前日比	−16（−2.27%）
	15:00
始値	705　09:00
高値	751　09:02
安値	664　10:03
前日終値	704
出来高	11,690,700
売買代金	8,226,226,000

売気配	価格	買気配
602,900	OVER	
500	701	
11,600	700	
16,900	699	
3,700	698	
600	697	
4,900	695	
600	694	
5,900	693	
1,300	692	
3,900	691	
	688	100
	685	600
	684	2,900
	683	1,800
	682	7,100
	681	11,200
	680	8,000
	679	700
	678	4,900
	677	4,900
	UNDER	467,900

値下がり 9422回	値動き 18581回	値上がり 9159回

発行済株式総数	20,096,700
時価総額	13,826,529,600

ベースフード【2936】

完全栄養食を中心とする「BASE FOOD」シリーズの開発・販売

現在値	401
前日比	−8（−1.96%）
	15:00
始値	402　09:00
高値	414　09:01
安値	392　10:00
前日終値	409
出来高	324,700
売買代金	129,694,000

売気配	価格	買気配
203,000	OVER	
2,000	412	
1,100	411	
700	410	
4,500	409	
9,600	408	
4,300	407	
2,300	406	
2,700	405	
100	404	
1,400	403	
	401	200
	400	2,800
	399	1,500
	398	3,300
	397	5,900
	396	10,300
	395	1,600
	394	4,700
	393	11,700
	392	6,100
	UNDER	124,000

値下がり 330回	値動き 612回	値上がり 282回

発行済株式総数	50,869,700
時価総額	20,398,749,700

GENOVA【9341】

医療情報サイトの運営やクリニック向けの自動受付精算機の販売など

現在値	1,592
前日比	−58（−3.52%）
	15:00
始値	1,660　09:00
高値	1,660　09:00
安値	1,584　14:44
前日終値	1,650
出来高	147,600
売買代金	237,555,000

売気配	価格	買気配
150,300	OVER	
400	1,606	
400	1,605	
100	1,604	
200	1,603	
400	1,602	
200	1,601	
200	1,600	
300	1,599	
100	1,597	
600	1,594	
	1,592	700
	1,591	200
	1,590	400
	1,589	1,200
	1,588	200
	1,587	800
	1,586	1,500
	1,585	900
	1,584	1,000
	1,583	200
	UNDER	58,300

値下がり	値動き	値上がり
390回	637回	247回

発行済株式総数	16,912,100
時価総額	26,924,063,200

❶ 株価チャートの形と時価総額だけで判断するのであれば、時価総額が最も小さくチャートの形も悪くないELEMENTSがよさそう。ただし、上場したばかりで中期移動平均線が出ていないため、現時点では明確な上昇トレンドとはいい切れない

❷ ベースフードは上場してからずっと右肩下がりだが、直近で大きな出来高増加をともなう株価上昇があったため、この上昇の理由次第では絶好の買いタイミングになりそう

❸ GENOVAは上場後、出来高が右肩下がりで減っているのに加えて、時価総額約270億円と、ほかの2社に比べて大きいため、この時点での投資は見送ろう

❹ 3社とも需要がありそうなビジネスを展開しているため、時価総額が最も小さく、株価チャートが上昇トレンドであるELEMENTSに、すぐにでも投資をすべきだ

> **ヒント** 🖐 株価チャートの基本は、上がりはじめたら「買い」、下がりはじめたら「売り」、それ以外はスルーすることです

正解

③④

解説

IPOセカンダリー投資とは、上場して間もない会社の株を購入し、値上がりで大きな利益を狙う投資手法です。

　ここでは「事業内容」「株価チャート」「時価総額」と３つの情報が得られます。これらの情報だけでは投資判断を下すには少し早いというのが大前提となりますが、考え方の方向性を理解するための設問です。

　①この３つの銘柄で株価チャートの形だけであれば、ELEMENTSが有力です。ところが上場したばかりで、まだ株価が安定していません。**この時点で上昇トレンドと判断するには少しリスクがあります。**

　②ベースフードは、上場後すぐに出来高が減り、株価も右肩下がりでしたが、直近で出来高増加をともなう株価の急上昇がありました。現時点では株価の下落トレンドが終わったとはいい切れませんが、**株価が上昇した原因によっては、絶好の投資タイミングになる可能性はあります。**

　③GENOVAの時価総額は、ほかの２社よりも大きいですが、約270億円という時価総額は小型株集中投資としては許容範囲内のサイズ感です。一方、株価チャートは上昇トレンドとはいえませんが、こちらも上場したばかりの会社であり、まだ中期移動平均線が出ていません。そのため、**現時点で投資対象外とするのは少し早いと考えられます。**

　④株価チャートだけをみて売買を判断する短期トレードであれば、いますぐにでも投資するという判断もあるのかもしれません。しかし、私はトレードをあまりおすすめしません。

　あくまで会社の業績や成長性をしっかりと調べたうえで、売買のタイミングをはかるために株価チャートをモノサシとしてチェックします。

　現時点でいますぐ投資すべきだというのは、少し判断が早いです。

POINT　上場間もない会社への投資は早計な判断を避ける

Q65 成長性のある赤字会社への投資をどう考えるか?

それぞれの会社の業績推移についての考え方として、適切でないものをすべて選んでください

ELEMENTS【5246】

生体認証・画像解析・機械学習技術を活用したオンライン本人確認サービス

企業業績のデータ(5年分)

	2017年11月	2018年11月	2019年11月	2020年11月	2021年11月
売上高(百万円)	77	431	346	949	1,362
経常利益(百万円)	▲641	▲339	▲410	▲935	▲695
当期純利益(百万円)	▲714	▲557	▲474	▲800	▲569
純資産額(百万円)	706	2,681	2,394	1,987	1,270
1株あたりの純資産額(円)	▲8,274	▲13,063	▲17,107	▲199	▲242
1株あたりの純利益(円)	▲6,092	▲4,751	▲4,044	▲61	▲43
自己資本比率(%)	54.5	83.5	80.3	54.7	38.1
自己資本利益率(%)	-	-	-	-	-

※2019年11月期まで単独決算。2020年11月期から連結決算。
※2020年11月期以降、株式1株につき100株の分割を反映。
・2022年11月期は、第3四半期時点で売上1,257百万円、経常損失▲458百万円となっています。IPOで得た資金は、個人認証ソリューションおよび個人最適化ソリューションの運転資金として人件費に充てる予定です。

ベースフード【2936】

完全栄養食を中心とする「BASE FOOD」シリーズの開発・販売を展開

企業業績のデータ(5年分)

	2018年2月	2019年2月	2020年2月	2021年2月	2022年2月
売上高(百万円)	36	166	423	1,523	5,546
経常利益(百万円)	▲43	▲156	▲427	▲158	▲461
当期純利益(百万円)	▲44	▲165	▲465	▲164	▲463
純資産額(百万円)	66	1	▲90	133	643
1株あたりの純資産額(円)	▲129,507	▲775,224	▲2,599,665	▲32	▲55
1株あたりの純利益(円)	▲178,430	▲645,716	▲1,824,441	▲6	▲19
自己資本比率(%)	71.8	0.1	▲96.5	26.6	40.4
自己資本利益率(%)	-	-	-	-	-

※2021年2月期以降、株式1株につき100,000株の分割を反映。
・2023年2月期は、第2四半期時点で売上4,584百万円、経常利益-376百万円となっています。IPOで得た資金は、マーケティング費用として2,470百万円(2023年2月期:140百万円、2024年2月期:798百万円、2025年2月期以降:1,530百万円)、人材関連費として708百万円(2023年2月期:50百万円、2024年2月期:283百万円、2025年2月期以降:373百万円)に充てる予定です。

GENOVA【9341】

医療情報サイトの運営やクリニック向けの自動受付精算機の販売など

企業業績のデータ（5年分）

	2018年3月	2019年3月	2020年3月	2021年3月	2022年3月
売上高（百万円）	1,824	2,222	2,485	3,769	4,802
経常利益（百万円）	25	71	62	804	1,059
当期純利益（百万円）	▲92	40	87	629	686
純資産額（百万円）	6	45	133	777	1,492
1株あたりの純資産額（円）	679	5,739	16,824	49	92
1株あたりの純利益（円）	▲11,826	5,060	11,085	40	43
自己資本比率（％）	0.9	7.6	15.5	41.0	52.7
自己資本利益率（％）	-	157.7	98.3	138.9	60.9

※2021年3月期まで単独決算。2021年3月期から連結決算。
※2021年3月期以降、株式1株につき2,000株の分割を反映。
・2023年3月期は、第2四半期時点で売上2,916百万円、経常利益699百万円を達成しています。IPOで得た資金は、人材の採用費および教育費やその人件費、営業拠点の拡充に充てる予定です。

❶ バラツキはあるものの基本的に3社とも売上高が右肩上がりで、消費者に需要のある商品・サービスを展開している。GENOVA以外の2社は赤字が続いているが、売上高が急成長しているので、現時点では赤字続きでも問題はない

❷ ELEMENTSはテクノロジーの会社なので、会社の成長段階では先行投資もあって多少の赤字が出るのは仕方がない。高い技術力さえあれば赤字から脱却するのは時間の問題なので、売上高が伸びていれば、赤字はそこまで気にしなくてもいい

❸ ベースフードも現時点では赤字経営だが、赤字の割合が売上高の8％程度と小さいので、黒字化は時間の問題と考えられる。直近の売上高は2年連続で3倍を超える成長率なので、赤字でも投資する魅力は十分にある

❹ GENOVAは黒字経営になっているので、しっかりと利益を出せる事業内容と考えられる。売上高の伸び率はほかの2社よりも低いが、利益率約20％と地に足のついた経営のため、ほかの2社よりも投資リスクは低い

> **ヒント** 👆 売上高はその会社の商品・サービスへの需要と比例し、利益はその会社の商品・サービスが消費者に与える付加価値と比例すると考えましょう

解 説

　上場して間もない小型株の会社では、ある程度の期間は赤字が続くことを覚悟したうえで、事業拡大を優先して先行投資する傾向が強いです。

　だからといって、赤字でも問題なしとはいい切れません。どれだけ売上高が増えていても、赤字が続くと経営が続けられなくなります。

　そのため、赤字の会社にはそもそも投資をしないか、投資をするにしても細心の注意を払うべきです。**「そもそも儲かるビジネスモデルなのか?」「赤字はいつごろまでに解消できるのか?」「赤字を解消したあとに得られる利益率は?」**といった点がポイントになります。

　①売上高が伸びているからといって赤字でも問題ないと判断するのは、基本的に NG です。

　②技術力があるからといって、赤字から脱却できるとは限りません。その技術力が商品・サービスに生かされて、世の中に高い付加価値を生まなければ、最終的に利益にはつながらないからです。

　③赤字の割合が相対的に小さいからといって安心はできません。赤字の要因と解消できる見込みがあるのかをきちんと調べましょう。

　④3 社で唯一黒字経営の GENOVA だけが、消費者に付加価値を提供できている会社と判断していいでしょう。

　ここから先、さらに銘柄を深掘りするとしたら、ELEMENTS とベースフードについては、**「なににお金を使っていて赤字なのか?」「黒字化する見込みはあるのか?」**を調べてみます。

　GENOVA は黒字経営なので、「事業内容」「市場規模」「大株主」「主要な経営者」「今後の成長性」などを調べてみましょう。

POINT 黒字化していないけれど成長期待の高い会社は赤字の要因を徹底的に探る

Q66 売上高の成長率をどうみるか？

3社のうちELEMENTS（5246）の関連情報をさらに深掘りするときの考え方として、適切でないものをすべて選んでください

ELEMENTS【5246】

生体認証・画像解析・機械学習技術を活用したオンライン本人確認サービスを展開

成長戦略：既存業界におけるシェア拡大

各業界のリーディングカンパニーに導入しており、競合となるSIer企業から乗り換え等を促進

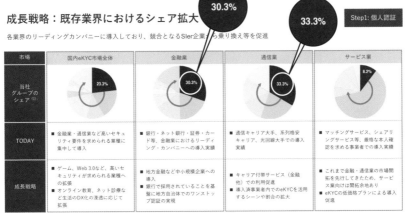

市場	国内eKYC市場全体	金融業	通信業	サービス業
当社グループのシェア[1]	23.3%	30.3%	33.3%	8.2%
TODAY	■ 金融業・通信業など高いセキュリティ要件を求められる業種に集中して導入	■ 銀行・ネット銀行・証券・カード等、金融業におけるリーディング・カンパニーへの導入実績	■ 通信キャリア大手、系列格安キャリア、光回線大手での導入実績	■ マッチングサービス、シェアリングサービス等、厳格な本人確認を求める事業者での導入実績
成長戦略	■ ゲーム、Web 3.0など、高いセキュリティが求められる業種への拡張 ■ オンライン教育、ネット診療など生活のDX化の浸透に応じて拡張	■ 地方金融など中小規模企業への導入 ■ 銀行で採用されていることを基盤に地方自治体でのワンストップ認証の実現	■ キャリア付帯サービス（金融他）での利用促進 ■ 導入済事業者内でのeKYCを活用するシーンや割合の拡大	■ これまで金融・通信業の市場開拓を先行してきたため、サービス業向けは開拓余地あり ■ eKYCの低価格プランによる導入促進

[1] ITR「ITR Market View：アイデンティティ・アクセス管理／個人認証型セキュリティ市場 2022」eKYC市場：ベンダー別売上金額シェア（2021年度予測）をもとに円円グラフを作成

2023年11月期
連結業績予想ハイライト

- 個人認証売上高は、1,661百万円（前期比+444百万円/+36%）の見込み
- 個人認証の成長に牽引され、各段階損益も改善の見込み
- 役職員へのインセンティブ並びに長期的コミットメントを株式価値最大化とリンクさせるべく、株式インセンティブの強化を行う予定
- キャッシュアウトは発生しない株式報酬の影響を除外したEBITDAを開示
- EBITDA＝営業利益+減価償却費 + 株式報酬費用

（百万円）	2022年11月期 （実績）	2023年11月期 （予想）	前期比	
売上高	1,651	1,930	+279	+17%
EBITDA	-573	-348	+225	-
営業利益	-579	-636	-57	-
親会社株主に帰属する当期純損益	-561	-670	-109	-

ELEMENTS決算説明資料

❶ ゆうちょ銀行、三菱UFJ信託銀行、NTTドコモといった大手の金融機関や通信会社に導入実績があるのは、商品力がある証拠なので評価できる半面、大企業への導入があるわりには売上高16億円台というのは少ない

❷ 全社売上高は前期比21％増と伸びてはいるが、売上高16億円台とまだ小規模なので、もう少し伸び率が高くてもいいはず

❸ 金融業や通信業でのシェアが30％超というのは需要がある証拠。このままシェアを伸ばせれば、既存業界だけでも株価10倍以上に成長する余力が十分に見込める

❹ 次期売上高予想が前期比17％増とやや控えめ。消極的な数字をあえて出しているのか、それとも売上高の頭打ちがみえているのか、この資料だけでは判断がつかない

> **ヒント** 👆 その業界で市場占有率（シェア）がすでに大きな会社は、伸びしろも限定的になってしまうと考えられます

正解

3

解 説

①数千億円や数兆円規模の売上高を誇る大企業への導入実績がありながら、ELEMENTS自体の売上高がわずか16億円台というのは、少なすぎる印象です。まだテスト段階で、本格的な導入には至っていない可能性も考えられます。

②売上高16億円台と成長途中の段階であることを考えると、ELEMENTSが提供している製品が画期的なものであれば、売上高の伸び率がより高くてもおかしくありません。

競合他社と比べて、現時点では技術力に大差がない可能性が考えられます。

③既存業界におけるシェアが30％超ということは、需要があるといえます。しかし、売上高16億円台の現段階で、すでにシェア30％超ということは、たとえシェア100％に近づいたとしても、既存業界での伸びしろは3倍程度と限定的になります。

④今期売上高が前期比21％増なのに、次期売上高予想はそれを下まわる17％増と控えめです。

まだ売上高が小規模な会社であれば、もっと高い成長率になっても不思議ではありませんから、事業規模の天井が意外に低い位置にある可能性が考えられます。

有名な大企業との取引実績があるのは素晴らしいことですが、私たち投資家にとって大事なのは、これからの伸びしろです。どれだけよさげな事業を展開していても、これから業績が成長しなければ、株価の上昇もないからです。そうした観点で冷静に考えてみると、どのような会社に投資すべきかがみえやすくなります。

- -

POINT ! 　売上高が小規模なのに増加率が限定的なのは要チェック

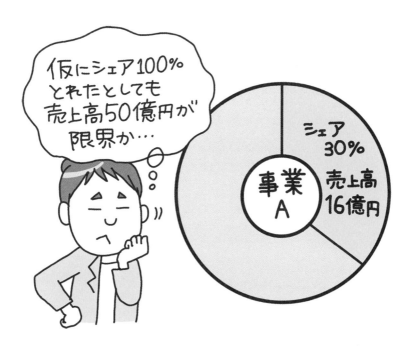

※Q64〜Q68はセットの出題です

Q67 新たな分野を開拓しようとする会社への投資をどう判断する？

3社のうちベースフード（2936）の関連情報をさらに深掘りするときの考え方として、適切でないものをすべて選んでください

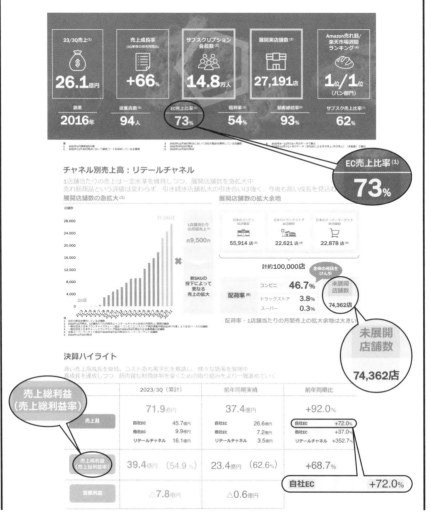

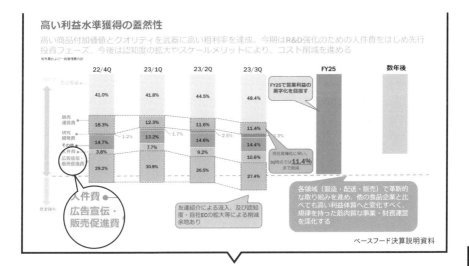

高い利益水準獲得の蓋然性

高い商品付加価値とクオリティを武器に高い粗利率を達成。今期はR&D強化のための人件費をはじめ先行投資フェーズ、今後は認知度の拡大やスケールメリットにより、コスト削減を進める

ベースフード決算説明資料

❶ 売上高が前年同期比92％増、売上総利益が同68.7％増と、ものすごい勢いで事業が成長している。EC売上比率が73％とリアル店舗での展開もふんだんに開拓の余地があるため、リアル店舗の売り上げ拡大だけでも10倍の成長が見込めそう

❷ 赤字経営が続いているのを懸念していたが、「販売費および一般管理費」の30％程度を「広告宣伝・販売促進費」として先行投資。リピート客が定着すれば、このコストが削減されるため、しっかり利益の出るビジネスに成長しそうだ

❸ 「自社EC」の売上高の割合が圧倒的に高いのは、他社ECに依存せずに売り上げを立てられる証拠なので、事業基盤をしっかり築けている

❹ サブスクリプション会員数約14.8万人、コンビニでの配荷率（納入している店の割合）46.7％と、すでにある程度普及しているため、現事業の延長線上だけでは業績の伸びは限定的。ただし、健康食品市場は拡大しているので、まだまだ伸びしろはありそう

ヒント👆 現時点では先行投資などによって赤字でも、いつでも利益の出せるビジネスモデルが構築されていれば問題ありません

正 解

❶

解 説

①売上高数十億円規模で前年同期比92％増と２倍近く成長しているのは、商品・サービスが市場から求められている証拠です。ただし、現事業の延長線上で10倍もの成長余力を残しているかといわれると、そこまではない印象です。

「未展開店舗数74,362店」とあり、すでに「27,191店」に展開済みということは、未展開店舗全店への展開を前提に計算しても、約37％達成済みということになります。

この点での伸びしろは、せいぜい２～３倍と考えられるのです。

サブスクリプション会員数約14.8万人というのも、日本の人口に対してまだまだ伸びしろがあるように思えますが、そもそも「完全栄養食」という商品の特性からして、定期購入する顧客層はかなり限定されます。

想定される市場規模の最大値は、「フィットネス市場」。定期的にジム通いをするような健康志向の人たちの層です。

国内のフィットネスジムの会員総数は、500万人前後といわれます。その３割程度が"幽霊会員"ともいわれるので、アクティブユーザーは350万人程度と推測されます。

つまり350万人が現時点での市場規模の最大値と考えられるのです。

そして、この350万人の10人に１人が、サブスクリプション会員に登録すると35万人。こちらも期待できる伸びしろとしては、せいぜい２～３倍というのが現実的な線でしょう。

もちろん、これはあくまでも推算なので、「完全栄養食」に想定以上の大ブームが巻き起こり、もともと健康志向の人以外にも客層が広がれば、また話は変わります。

②赤字になるとわかりながら、「広告宣伝・販売促進費」を30％近くも先行投資するというのは、目先の利益よりも事業の拡大を優先しようという経営方針によるものです。

この戦略は一長一短で、きちんと需要のあるビジネスを市場に浸透させることができれば、シェアを広げて大きな利益を手にすることができます。

　一方、商品・サービスの認知度は高まったものの、一時的なブームに終わってしまい、長続きしないこともあります。こうなると、先行投資した金額を回収する前に売上高が減ってしまいます。

　すると広告宣伝・販売促進をやめた途端に業績が下がり、株価が崩れてしまいます。この点を見定めるための一番のポイントは、「どれだけリピート客を増やせるか」にあります。

　③「自社EC」の売上高比率が圧倒的に大きいということは、マーケティングを他社に依存せず、自社の力量で集客できている証拠なので、経営基盤がしっかりしている会社といえます。

　④ベースフードの経営陣が、主力商品である完全栄養食を「予防医療」という市場に広げられるようになると、さらに伸びしろが拡大すると思います。

いまは赤字でも将来ちゃんと利益を出せるかどうかがポイント！

POINT　新たな分野の事業は顧客層が重なりそうな既存事業に置き換えて市場規模を予測する

Q68 「売上高構成」からなにを判断するか？

3社のうちGENOVA（9341）の関連情報をさらに深掘りするときの考え方として、適切でないものをすべて選んでください

GENOVA【9341】

医療情報サイトの運営やクリニック向けの自動受付精算機の販売など

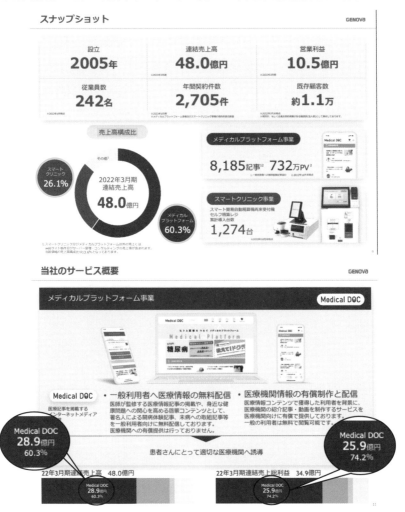

当社のサービス概要　GENOVA

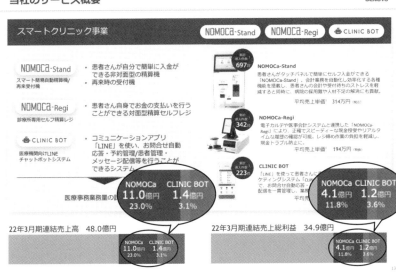

スマートクリニック事業　NOMOCa-Stand　NOMOCa-Regi　CLINIC BOT

NOMOCa-Stand
スマート簡易自動精算機/再来受付機
- 患者さんが自分で簡単に入金ができる非対面型の精算機
- 再来時の受付機

累計導入台数 697台

NOMOCa-Stand
患者さんがタッチパネルで簡単にセルフ入金ができる「NOMOCa-Stand」。会計業務を自動化し効率化する各種機能を搭載し、患者さんの会計や受付待ちのストレスを軽減すると同時に、病院の採用難や人材不足の解消にも貢献。
平均売上単価 314万円

NOMOCa-Regi
診療所専用セルフ精算レジ
- 患者さん自身でお金の支払いを行うことができる対面型精算セルフレジ

累計導入台数 342台

NOMOCa-Regi
電子カルテや医事会計システムと連携した「NOMOCa-Regi」により、正確でスピーディーな現金授受やリアルタイムな履歴の確認が可能に。レジ締めの作業の負担を軽減し、現金トラブル防止に。
平均売上単価 194万円

CLINIC BOT
医療機関向けLINEチャットボットシステム
- コミュニケーションアプリ「LINE」を使い、お問合せ自動応答・予約管理/患者管理・メッセージ配信等を行うことができるシステム

累計導入台数 223社

CLINIC BOT
「LINE」を使って患者さんと…ケティングシステム「CLI…で、お問合せ自動応答…配信を一元管理し、業務…
平均売上…

医療事務業務量の…

	NOMOCa	CLINIC BOT
22年3月期連結売上高 48.0億円	11.0億円 23.0%	1.4億円 3.1%

	NOMOCa	CLINIC BOT
22年3月期連結売上総利益 34.9億円	4.1億円 11.8%	1.2億円 3.6%

13

競合比較　GENOVA

メディカルプラットフォーム事業　Medical DOC

当社は、患者さん及び一般利用者向けに情報提供を行っており、医療機関から費用をいただいております。
当該領域において、競合と認識しているのは2社ございますが、Medical DOCでは第三者視点で医療機関の特徴等について紹介し、収益化している点で異なります。

推定PV数[1]（月間）

サイト名	Medical DOC	A社	B社
推定PV数[1]（月間）	約700万	約3,280万	約3,840万
開始年月	2017年8月	2006年	2009年
コンセプト	利用者の不安と不満解決を目指した医療メディア。利用者と医療機関の双方に有用なサービス。利用者は訪問すべき医療機関が分かり、医療機関は来院したい患者層に的確にアプローチが可能。	全国のクリニック・病院、ドクターの情報を調べることができる地域医療情報サイト。一部求人サイト等も運営している。	医療施設だけではない様々な業界の予約・順番受付サイト。

1. 競合各社の推定PV数＝［Medical DOCの実績値のPV数］／［Medical DOCのSimilarWebでの推定値のPV数］×［競合各社のSimilarWebでの推定値のPV数］
上記の情報は当社独自の調査によるものです。

スマートクリニック事業　NOMOCa-Stand

-連携-
当社のNOMOCa standは電子カルテ（レセプトコンピュータ）との連携によってお会計業務の効率化に繋がることが選ばれる理由の一つとなっております。多くのメーカーと連携が可能なため販売台数を伸ばしております。
-サイズ-
当社がターゲットとする歯科・医科診療所においては設置面積が十分に取れないことも多く、業界でも最小（縦×横×高さを乗算した場合）であるため、多くの医療機関に導入いただいています。
-保守・拡張性-
全国に5拠点展開し、リモート保守も可能であるため、トラブルに迅速な対応が可能です。また医療機関に特化しているため、再来受付機能やPOSシステム・診察券アプリといった拡張性もあります。

企業名	当社	C社	D社	E社
電子カルテ連携	50種以上	数社	数社	数社
サイズ	最小	-	-	-
リモート保守	○	×	×	×
拠点数	5	1	1	2
再来受付・案内表示	○	△（再来のみ?）	×	×
POSシステム	○（診療費用?）	△（再来のみ?）	×	×
診察券アプリ	○	×	×	×

15

GENOVA 決算説明資料

❶ 「売上高構成比」をみると「メディカルプラットフォーム60.3％」「スマートクリニック26.1％」と大きく2つの事業に分かれているので、それぞれ分析する必要がある

❷ 売上高の60.3％を占めるメディカルプラットフォーム事業は、売上総利益の74.2％を占めるため、この事業がGENOVAの今後の株価に大きな影響を及ぼす

❸ 売上高の26.1％と2番手事業の「スマートクリニック」は、売上高構成比が小さいだけに今後大きな伸びしろが期待できる。この事業を深掘りして、競合サービスとの違いや成長性について調べていくことが一番大事になる

❹ 主力サービス「Medical DOC」の「推定PV数（月間）」は、先行する他社の5分の1程度にとどまっているが、逆にいうと、きちんと需要のあるコンテンツを提供することで5倍程度の伸びしろがあるといえる

いよいよ最終問題です！

ヒント👆 複数の事業を展開している会社は、売上高の比率が最も高い事業をその会社の主力事業と考えます

①売上高が複数の事業で構成されている会社は、事業ごとに分けて考えていく必要があります。

基本的には売上高や利益額の比率が大きな事業、もしくは急激に成長している事業から優先的に調べていくといいでしょう。

②GENOVAの業績に最も貢献しているのが、「メディカルプラットフォーム事業」。ほかの事業が急拡大しない限り、この事業の業績推移が、株価に直結するといっても過言ではありません。

③2番手の「スマートクリニック事業」は売上比率が少ないほうなので、売上高が小さいぶん、伸びしろがあるとも感じられます。

しかし、売上総利益をみてみると、会社全体の約15％しか貢献していません。会社の経営の基本は選択と集中です。利益比率の低い事業に専念するよりも、利益比率の高い事業にリソースを集中させたほうが、会社全体の事業拡大にとっては効率的でしょう。

そのためGENOVAの今後の成長性を予測するには、主力のメディカルプラットフォーム事業について深掘りして調べていきます。

④ネット系の事業を展開する会社の伸びしろを推測するうえで、PV（ページビュー）数の他社比較は参考になります。先行する上位企業のPV数と、どれだけ離れているかを伸びしろと仮定してみるのです。

実際にはPVだけでなく、登録者数やUU（ユニークユーザー）数なども比較することで、より伸びしろの予測精度があがるでしょう。

一番大事なポイントは、需要のあるコンテンツを提供できているかどうか。 これを確認するためには、「Medical DOC」の口コミをリサーチしたり、実際に自分で使ってみることが有効です。

正 解

❸

POINT ▶ 株価に最も影響を与える主力事業の業績に着目する

　超基礎編から応用編まで全68問、1問1答式の株ドリルは、いかがでしたでしょうか？

　後半の問題は、株価チャートや板、事業内容の説明資料や関連データも増えて、頭をフル回転させたのではないでしょうか？

　問題を考案した私自身、本書を執筆するのに、あらためていろいろと頭を使い、脳みそに汗をかくような気持ちになりました（笑）。

　本書は、私自身が実践して、1銘柄だけで億単位のリターンを得たこともある「小型株集中投資」をベースとしています。

　それぞれの問題について選択肢から答えを導き出す方式です。

　もちろん、実際の相場はそう単純なものではなく、いろいろな要素が複雑に絡みあった結果として、「株価」が形成されます。

　前提となる状況が変化して、異なる情報が加われば、ある問題で「不正解」とした選択肢も「正解」になることがあり得ますし、その逆もあり得ます。

　そうしたことから、大事なのは柔軟に考えることであり、どれだけ多くの「正解」を選べたかは、あまり重要でないと思っています。

　いかに多く正解するかよりも、「こんな考え方もあるんだ！」と、いままでに気づかなかった"新たな気づき"を、いかにたくさん得られるかです。

　本書では、ポイントをわかりやすく押さえるためにあえて問題の情報量を絞って出題しましたが、実際の相場では、無数にある情報のなかから必要な情報を自分で見つけ出す必要があります。

　また、実際に投資をするときは、誰かがご丁寧に4択を用意して、「どれにしますか？」とは提案をしてくれません。

　日本だけでも、4000社近くの上場企業が存在しますから、膨大な選択肢から自分で「答え」を探り、見つけていかなくてはならないのです。

そう考えれば、本書の問題や選択肢でも、

「いやいや、こういう条件下では、こっちの選択肢も正解になるのでは？」

「正解はこうだけど、こういう理由で不正解としてもいいのでは？」

　という議論が自分の頭のなかで生じることによって、はじめて本当の意味で「株式相場に自分の力で参加できる」といえるのではないかと思います。

　実際の投資になると、それだけ多大な情報のなかから、必要なものだけを拾い集め、その拾い集めた情報をベースに、唯一絶対の正解がないなかで、ベストな答えを自ら導き出す必要があるのです。

　そのために必要な視野を広げる手段として、本書を活用していただけたなら、著者として嬉しい限りです。

　なお、本書のもとになる「小型株集中投資」の考え方は、次の拙著2冊に詰まっています。小型株集中投資をより深く知りたい方は、こちらも合わせて読んでみてください。

『10万円から始める！小型株集中投資で1億円』『10万円から始める！小型株集中投資で1億円【実践バイブル】』（ともにダイヤモンド社刊）

　また、私が主催する「投資コミュニティixi（イクシィ）」にも、ぜひ遊びにいらしてください。

　最後になりますが、「小型株集中投資で1億円」シリーズ3冊目になる本書の編集を担当していただいたダイヤモンド社の斎藤順さん、デザイナーの渡邉雄哉さん、イラストレーターのカツヤマケイコさん、そして関係者の皆様への感謝で締めくくりたいと思います。

　本当にありがとうございます！

2023年7月

遠藤 洋

[著者]

遠藤 洋（えんどう・ひろし）

投資家・自由人。1987年埼玉県生まれ。東京理科大学理工学部電気電子情報工学科在学中の夏休み、家庭教師のアルバイトで貯めたお金を元手に知識ゼロの状態から投資をはじめる。すると、有名企業より小型株、分散投資より集中投資のほうが実は低リスク・高リターンであることに気づく。大学卒業後、ベンチャー企業に入社し、新規事業の企画・広告・採用等を経験。その約4年後、26歳のときに投資で得た資金を元手に独立。本質的な価値を見極め「1年以内に株価3倍以上になる小型株」へ集中投資するスタイルで、最大年間利まわり+600%、1銘柄の最大投資益+1760%など、1銘柄だけでも億単位のリターンを達成。噂を聞きつけた資産家から「10億円を預けるから資産運用してほしい」と頼まれたこともあるが、いまのところ外部運用はすべて断り、自己資金のみで運用している。その投資経験をベースに、経営者、上場企業役員、医師、弁護士、ビジネスパーソンなど、これまで1600人以上の個人投資家を指導し「勝てる投資家」を数多く輩出。現在は投資をしながら1年のうち半分は国内外を旅して自由を謳歌しつつ、次世代を担う投資家や事業の育成に力を入れている。著作にシリーズ10万部を突破した『10万円から始める！小型株集中投資で1億円』『10万円から始める！小型株集中投資で1億円【実践バイブル】』、最短で人生の自由を手に入れる方法を説いた『投資をしながら自由に生きる』（いずれもダイヤモンド社）など。
投資コミュニティixi（イクシィ）HP https://official.ixi-online.com

10万円から始める！
小型株集中投資で1億円
【1問1答】株ドリル

2023年7月4日　第1刷発行
2024年3月22日　第4刷発行

著　者──遠藤 洋
発行所──ダイヤモンド社
　　　　　〒150-8409　東京都渋谷区神宮前6-12-17
　　　　　https://www.diamond.co.jp/
　　　　　電話／03·5778·7233（編集）03·5778·7240（販売）
ブックデザイン──LIKE A DESIGN（渡邉雄哉）
イラスト──カツヤマケイコ
校正────三森由紀子、鷗来堂
製作進行──ダイヤモンド・グラフィック社
印刷・製本─三松堂
編集担当──斎藤順